现代农业产业技术体系北京市创新团队

"一带一路"背景下中国乳业贸易格局优化研究

刘芳　张萍　王琛◎著

中国财经出版传媒集团
中国财政经济出版社

图书在版编目（CIP）数据

"一带一路"背景下中国乳业贸易格局优化研究／刘芳，张萍，王琛著．--北京：中国财政经济出版社，2021.12

ISBN 978-7-5223-0612-4

Ⅰ.①一… Ⅱ.①刘… ②张… ③王… Ⅲ.①乳品工业－国际贸易－研究－中国 Ⅳ.①F752.652.5

中国版本图书馆 CIP 数据核字（2021）第 120429 号

责任编辑：刘五书 刘孺泾　　　责任印制：张　健
封面设计：陈宇琰　　　　　　　责任校对：张　凡

"一带一路"背景下中国乳业贸易格局优化研究
"YIDAI YILU" BEIJING XIA ZHONGGUO RUYE MAOYI GEJU YOUHUA YANJIU

中国财政经济出版社 出版

URL：http://www.cfeph.cn
E-mail：cfeph@cfeph.cn

（版权所有　翻印必究）

社址：北京市海淀区阜成路甲 28 号　邮政编码：100142
营销中心电话：010-88191522
天猫网店：中国财政经济出版社旗舰店
网址：https://zgczjjcbs.tmall.com
北京富生印刷厂印刷　各地新华书店经销
成品尺寸：170mm×240mm　16 开　12.5 印张　179 000 字
2021 年 12 月第 1 版　2021 年 12 月北京第 1 次印刷
定价：56.00 元
ISBN 978-7-5223-0612-4
（图书出现印装问题，本社负责调换，电话：010-88190548）
本社质量投诉电话：010-88190744
打击盗版举报热线：010-88191661　QQ：2242791300

前言

作为朝阳产业,乳业在中国国民经济中占有重要地位,是我国农业的、重要的产业之一。但近年来一系列事件使中国乳业国际地位受到一定程度的威胁和冲击。虽然经过多年努力,但中国乳业在国际贸易中仍处于劣势地位。目前,中国乳制品企业借着"走出去"战略纷纷积极地在国外选址并建设奶源基地,利用国外具有竞争优势的自然资源禀赋获取物美价廉的优质奶源,进而控制成本。随后,"一带一路"倡议的提出为中国乳制品企业对外投资提供了良好的发展平台,"一带一路"倡议也为中国乳业贸易发展提供了良好的机遇。那么,在"一带一路"倡议和OFDI的影响下,中国作为乳业大国势必会影响中国乃至世界的乳业贸易格局,因而中国乳业贸易发展趋势及结构备受关注。

本书基于比较优势理论、国家竞争优势理论、复杂网络模型理论和区域发展理论展开研究。第一,通过分析中国及"一带一路"沿线国家和地区近十年的乳业贸易发展概况,说明中国和"一带一路"沿线国家和地区在乳业发展中的重要性。第二,采用竞争力指数以及钻石模型分析中国乳业竞争力情况以及竞争力的影响因素。第三,利用复杂网络模型分析中国与"一带一路"沿线国家和地区间的乳业贸易演化特征,运用网络中的整体密度、互惠性等指标研究贸易关系和贸易规模,探讨在网络中具有乳业潜力和实力的国家。第四,利用恒定市场份额模型和引力模型,研究中国与"一带一路"沿线国家和地区乳业贸易的主要影响因素。第五,通过Gragner因果检验,探索投资与贸易之间的相互作用关系。第六,通过分析澳大利亚、新西兰和美国的国际化发展经验,探析中国乳业发展路径。

通过以上研究发现:第一,中国乳业贸易结构仍然处于失衡状态,对进口依赖较强且进口来源较为集中。第二,中国乳业贸易竞争力较弱,生产要素、需求要素、质量安全、关联产业发展和政府政策影响中国的乳业竞争力。第三，通过建立无权贸易网络和加权贸易网络，发现意大利、新西兰、奥地利、白俄罗斯、波兰等在网络中属于乳业贸易大国，贸易体量会影响贸易的中心位置。第四，通过引力模型发现东道国的经济、政治稳定性、两国之间的地理距离等正向影响两国乳业贸易。第五，对爱尔兰和荷兰展开对外直接投资能够带动中国对其的乳制品进口贸易，而从澳大利亚进口乳制品可以促使乳制品企业对其展开对外直接投资，但新西兰显示了两者之间不具有 Granger 因果关系。基于以上结论，笔者从政府和企业两个方面分别提出改善中国乳业贸易格局的建议。

作　者

2021 年 5 月

目录

第一章 绪论 … 1

第一节 研究背景 … 3
第二节 研究目的与意义 … 6
第三节 国内外研究现状及评价 … 8
第四节 研究内容和创新点 … 16
第五节 研究方法与技术路线 … 18

第二章 乳业贸易的相关概念及理论基础 … 21

第一节 相关概念 … 23
第二节 研究理论基础 … 27
第三节 本章小结 … 34

第三章 乳业贸易基本现状 … 35

第一节 世界乳业贸易现状 … 37
第二节 中国乳业贸易现状 … 44
第三节 "一带一路"沿线国家和地区乳业贸易现状 … 59
第四节 本章小结 … 65

第四章
中国乳业贸易国际竞争力测度分析 …… 67

- 第一节　中国乳业的生产与需求 …… 69
- 第二节　中国乳业贸易竞争力评价指数 …… 75
- 第三节　中国乳业贸易竞争力的影响因素 …… 80
- 第四节　本章小结 …… 93

第五章
中国与"一带一路"沿线国家和地区乳业贸易演化特征分析 …… 95

- 第一节　中国与"一带一路"沿线国家和地区乳业贸易网络构建 …… 97
- 第二节　乳业贸易无权网络结构特征分析 …… 103
- 第三节　乳业贸易加权网络结构特征分析 …… 112
- 第四节　中国对"一带一路"沿线国家和地区乳业贸易依赖度分析 …… 118
- 第五节　本章小结 …… 121

第六章
中国与"一带一路"沿线国家和地区乳业贸易影响因素 …… 123

- 第一节　中国乳业贸易的动因 …… 125
- 第二节　效应分解结果分析 …… 129
- 第三节　中国乳制品企业对外直接投资对贸易的影响 …… 137
- 第四节　基于引力模型的影响因素分析 …… 150
- 第五节　中国与"一带一路"沿线国家和地区贸易潜力测算 …… 155
- 第六节　本章小结 …… 156

第七章
乳业发达国家国际化经验借鉴 …… 157

- 第一节　澳大利亚乳业国际化发展战略 …… 160

第二节　新西兰乳业国际化发展战略 …………………………… 164
第三节　新澳两国乳业国际化战略比较分析 …………………… 167
第四节　美国乳业国际化发展战略 ……………………………… 169
第五节　本章小结 ………………………………………………… 172

第八章
优化中国乳业贸易格局的政策建议 …………………………… 173

第一节　主要研究结论 …………………………………………… 175
第二节　关于优化贸易格局的政策建议 ………………………… 177
第三节　本书的不足以及未来研究方向 ………………………… 182

参考文献 ………………………………………………………… 183

第一章

绪论

第一章 绪 论

第一节 研究背景

一、战略背景

"丝绸之路"一词最早出现于德国地质学家李希霍芬所著的《中国》一书中。从西方人的角度,将连接中国与中亚、中国与印度以丝绸贸易为主的贸易往来的路线命名为"丝绸之路",之后被广大学者及大众认同。它是中西方的主要商路,也是连接中国与西方国家经济、政治和文化交流的重要媒介。其中,"陆上丝绸之路"起源于汉代,起点为中国陕西省西安、途径中国甘肃省和新疆维吾尔自治区等,达到中亚、西亚等地区国家,而"海上丝绸之路"起源于秦汉时期,是最古老海上贸易航线,起始于中国东南沿海到达非洲,途径东南亚、南亚和西亚。后来,在清朝闭关锁国政策的影响下,"丝绸之路"淡出大众的视野。

全球化进程的不断深化促使世界经济、政治以及文化交流等出现新的合作模式,国际投资贸易格局和多边投资贸易规则酝酿着深刻调整,区域合作成为经济发展的主要推手,世界经济秩序正在发生翻天覆地的变化。2013年中国国家主席习近平借此变化提出"丝绸之路经济带"和"21世纪海上丝绸之路"倡议,简称为"一带一路",得到了国内外媒体和网民高度重视。根据"一带一路"专题网站上对2017年大数据解读,国内外媒体和网络用户的积极态度不断提升,各国政府对其发展保持高度重视,截至2019年8月底,已有136个国家和30个国际组织与中国签署了195份共建"一带一路"的合作文件,共建"一带一路"的"朋友圈"是中国结合全球经济局势变化所提出的创新的国际合作新模式。

这种模式对我国对外开放格局的打造是至关重要的,有利于缓解经济下行压力,有助于消耗国内过剩产能,促进国内产业结构优化升级。而对于"一带一路"沿线的其他国家和地区,"一带一路"可以为其提供广阔的发展空间、促进各国之间的经济往来交流，并且有助于发挥各国的资源比较优势，推动产业结构转型。从世界的角度，"一带一路"互联互通的经济模式会产生巨大的外溢效应，维护全球经济体系的开放和贸易体制的自由，为全球市场创造出新的需求和发展机遇，为世界经济注入新的发展动力，促进世界经济进一步增长具有深刻的时代背景含义。

二、产业背景

改革开放后，全球多家巨头乳企进入中国市场，2001 年中国加入世界贸易组织（WTO）后，关税壁垒的逐渐消除促使更多的国外乳品公司进入，中国国内市场竞争日益激烈。为了应对世界同行强手的竞争，中国国内奶业企业适应时势，通过兼并重组，造就了一大批大型乳业龙头企业，涌现出一批知名的企业和品牌。与此同时，中国奶牛存栏数、奶类产量不断提高，中国乳业产业结构和生产力水平得到了大幅度提升，奶牛养殖业快速发展，加速中国乳业结构升级和深化调整，进入了现代化管理时代，也带动了农业和农村经济结构战略性调整，增加了农民收入，成为农业和农村经济发展新的增长点。中国乳业快速发展带来了机遇，中国乳业也面临着诸多挑战并存在诸多问题，与国外乳业相比，受自然资源禀赋的影响，中国国内原料奶生产成本高，规模化与专业化水平也相差甚远，产品、加工和销售不协调，整体来说对奶源建设不够重视。面对国外带来的压力以及技术水平等因素的限制，中国乳品企业经济绩效差，相互之间布局重叠，奶源分散、品牌分散已经成为中国奶业亟待解决的问题。

近年来，虽然中国乳制品进口量增速放缓，但是进口量依然在逐年增加。2017 年，中国液态奶的进口量为 70.2 万吨，较 2016 年同比增长 7.18%；干乳制品进口量为 147.2 万吨，同比 2016 年增长 13.14%。而中国液态奶的出口量为 2.53 万吨，比 2016 年增加了 6.75%；干乳制品出口量只有 7246 吨，略有上升。但总体来看，2017 年中国液态奶的出口量只占中国液态奶的进口量的 1.5%，中国液态奶的出口情况明显处于弱势，并且中国乳制品的贸易逆差有扩大的趋势。这一方面是因为中国乳制品产量较小、需求较大、剩余较少；另一方面是因为中国乳制品质量相对较低、价格相对较高，在国际市场上没有竞争优势。而且，中国出口市场主要集中在中国香港、中国澳门、非洲和周边国家，出口乳制品技术含量较低、利润较少。

由于中国国内间断出现的乳品质量安全事件以及中新中澳自贸协定的签署，中国成为世界最主要的乳品进口国，无论是与发达国家相比还是与相邻的亚洲国家相比，中国乳业都缺少竞争力，国际地位严重下滑，为应对这种劣势局面中国政府出台了诸多政策。另外，《全国奶业发展规划（2016—2020年）》中明确指出奶业是现代农业和食品工业的标志性产业，也是社会高度关注的产业。2019年的"中央一号文件"也明确提出了实施奶业振兴行动，加强优质奶源基地建设，升级改造中小奶牛养殖场，实施婴幼儿配方奶粉提升行动。为应对国外进口冲击，中国乳企借"走出去"战略纷纷积极地在国外选址、建设奶源基地，利用国外具有竞争优势的自然资源禀赋获取物美价廉的优质奶源，随后，"一带一路"倡议的提出为中国乳业企业海外投资提供了良好的发展平台，中国乳业国际贸易乃至世界乳业贸易出现了新的格局。而中国乳业为了未来谋求更大发展空间，转变目前进口依赖模式，促进本土品牌的快速成长，进一步提高中国乳业贸易的竞争力，应当抓住"一带一路"倡议这个新机遇，拓展新的贸易市场，形成新的乳业贸易格局。

第二节 研究目的与意义

一、研究目的

本书以中国乳制品贸易为主要研究对象,以"一带一路"倡议为机遇,以复杂网络模型理论、比较优势理论、国家竞争优势理论和区域发展理论为指导,研究目的归纳为以下几个方面。

(1) 以2009年至2018年乳制品贸易数据为基础,通过对世界各国、中国与"一带一路"沿线国家和地区的乳制品进出口贸易发展趋势的动态时序分析,探讨世界各国、中国和"一带一路"沿线国家和地区乳制品贸易的总体规模特征、乳制品贸易种类结构特征以及中国乳制品贸易目的市场特征,归纳并总结中国与"一带一路"沿线国家和地区的乳制品贸易发展特征及其在全球乳制品贸易的重要地位。

(2) 从中国乳业的生产水平和消费水平入手,同时测算国际市场占有率、显示性比较优势指数和产业贸易竞争力指数三个指标分析中乳业贸易的国际竞争力问题,进而利用波特菱形理论,从生产要素、需求条件、企业相关管理、乳业相关政策等方面对乳业贸易竞争力的影响因素展开深入探讨。

(3) 利用复杂网络模型,分别构建了无权贸易网络模型和加权贸易网络模型,分析中国与"一带一路"沿线国家和地区之间的乳制品贸易演化特征,为进一步分析中国与"一带一路"沿线国家和地区之间的乳业贸易潜力及影响因素奠定基础。同时利用HM指数测算中国对"一带一路"沿线国家和地区的乳业贸易依赖度,探讨中国与"一带一路"沿线国家和地区乳业贸易进一步发展的可能性。

(4) 在以上分析的基础上,利用恒定市场份额模型(CMS)进一步开展中国乳业企业贸易动因分析;建立回归模型,探析中国乳业企业目前海外投资现状及其影响因素，采用 Granger 因果检验分析海外投资与乳业贸易之间的相互作用关系；利用贸易引力模型分析中国与"一带一路"沿线国家和地区之间乳业贸易的影响因素，进而测算中国与沿线国家之家的发展潜力。

（5）通过定性分析新西兰和澳大利亚乳业国际化的发展过程，从而探求中国乳业发展的弱点，有针对性地提出对应政策建议。

二、研究意义

目前，中国的经济发展已经进入了新常态，迫切需要实现制造业从粗放型到集约型增长的转型，经济增长从片面依赖投资拉动到消费与投资协调拉动的转换，这将是一个充满波动起伏的过程。中国乳业也已经进入了转型的特殊时期，而这转型的目标就是建立现代化、国际化、规模化的乳业。为了应对类似中美贸易摩擦情况，中国乳业也应该顺应新形势，抓住"一带一路"的历史机遇。这个历史机遇对中国的乳业贸易格局优化研究具有理论意义和现实意义。

第一，本书运用国际贸易理论作为理论基础，再加上通过最新数据的竞争力指标的测算，经典的"钻石模型"（波特菱形理论）分析中国乳业贸易的优势条件。在前人研究的基础上，利用复杂网络模型，厘清中国乳业贸易经济学本质的前提下，丰富并构建了较为系统的理论框架。让本书的研究更具有说服力和指导意义。

第二，扩展了乳业贸易的研究内容。围绕乳业贸易的研究已经具有很多代表性成果，分别从不同视角、运用不同理论基础展开探讨，但依然有一些需要完善。如果缺少"一带一路"大背景下中国乳业的新机遇的研究，那么在研究方法上也就缺少新意，从而影响中国乳业在"经济新常态"下中国乳业贸易发展的指导作用。

第三，本书通过实证分析方法，运用现有贸易数据分析让我们认识清楚中国虽然是乳业大国，但离乳业强国还有很大差距。2008 年，三聚氰胺事件使我国消费者对中国乳制品具有一定的主观偏见，而中国乳业经过十多年的发展，中国乳制品已经达到国际标准。因此，这些主观偏见会严重制约国内乳业市场发展。

第三节 国内外研究现状及评价

本书的研究内容是借助"一带一路"时代背景提出改善中国乳业进出口的现状、提高中国乳业产业发展的对策建议，以改善中国乳业贸易竞争力，提高中国乳业国际竞争力以及乳品知名度。因此，本书从研究内容和研究方法两个方面对相关文献进行梳理。

一、关于中国乳业贸易研究

1. 中国乳业贸易特征相关研究

2008年，三聚氰胺事件后，中国乳业市场低迷，中国乳业贸易竞争力更是日益低下。2008年，中新自贸协定的签署，中国乳业开启了新的贸易格局。大部分学者都通过乳业贸易现状分析其具体特征，运用统计分析方法对中国乳业贸易现状展开研究，进而提出中国乳业发展的政策建议（胡冰川，2009；孙桂兰，2015），张希颖、郑春霞（2010）从乳制品市场价格竞争加剧、中国国内市场恶性竞争等五个方面对中国乳制品贸易的现状和面临的问题进行分析，为中国乳制品贸易以及如何提升中国乳制品国际竞争力提出对策。王东（2014）通过分析中国乳制品进出口贸易现状的同时，结合国内生产和国际贸易环境，通过多元线性回归模型以及相对应关税的减免情况，探索中新乳制品贸易自由化对中国乳制品进口贸易的深远影响。结合理论分析和实证检验共同得出结论，针对中国乳制品生产、消费以及贸易单个方面提出针对性建议。邱娜（2011）结合中国和世界乳制品进出口贸易数据，对中国乳制品贸易特征从规模、结构和贸易地理方向等方面进行细致描述，并对贸易特征产生的原因进行分析，提出促进中国乳业发展的对策。方筱琴（2014）通过研究中国乳业现状、贸易特征以及乳制品进出口贸易的影响因素，采用对乳制品进出口贸易的具体影响因素进行分析的理论方法和实证分析方法,提出有效的意见。刘芳(2016)通过分析世界乳品贸易发展方向和趋势,进而分析中国乳业贸易的现状,并提出六点改善中国乳业发展不足相关策略方法。韩啸(2015)基于CMS模型从进口增长效应和出口增长效应两个方面分析乳制品贸易逆差的影响因素,提出优化乳制品进出口结构来改善贸易逆差的有效建议。黄睿(2016)从进口结构和进口市场两个方面分析中国乳制品贸易的特点以及现存的问题,并指出中国乳制品进口扩大的因素。以上研究是以贸易数据为基础,通过对当前贸易格局展开分析。而霍晓娜(2016)和王广(2016)站在企业的角度分别分析了中国乳业国际化的原因和发展趋势以及中国乳企面临的困境。

2. 中国乳业竞争力及影响因素研究

由于乳制品安全事件频发以及关税壁垒的影响,对于乳业竞争力及其影响因素的研究主要集中在中国与乳业发达国家之间比较分析,特别是针对中新自贸区和中澳自贸区的建立。通过实证分析发现,中新自贸区和中澳自贸区的建立,加重了中国乳制品出口的依赖性(杨碧琴、叶媚,2016;舒晓婷,2015);促进了中国对新西兰、澳大利亚的乳制品进口量,对中国乳制品价格产生冲击,占据了中国乳制品市场(仲尼,2016;郭婷,2013;王敏,2017;王艳枝,2016)。另外,张楠楠(2017)从宏观层面、中观层面和微观层面分析了中澳自贸协定对国产婴幼儿配方奶粉产业竞争力影响。杨励、吴娜妹(2016)基于局部均衡理论,利用SMART模型,模拟中澳自由贸易区协定(FTA)下不同阶段的关税削减给中国乳制品带来的经济效应,包括贸易、关税收入以及福利效应。结果表明,中澳自贸区建立后,随着关税的不断削减,中国将获得较大的贸易效应,其中贸易创造效应比贸易转移效应明显得多。尽管自贸区的建成会降低中国的关税收入,但经济福利效应将得到进一步的提升。还有部分学者通过分析中国乳业贸易竞争力,提出提升中国乳业国际竞争力的建议(徐泽敏、杨志武,2015;张亚伟,2015;王庆辉,2014)。

在此基础上,曹亚楠、徐雅楠、姜冰、李翠霞(2018)借助MS指数、

TC 指数、RCA 指数、CA 指数对中国和主要乳业贸易强国的国际竞争力进行测算，发现中国乳业国际竞争力极弱，且竞争劣势日趋明显，与贸易强国相比具有巨大差距。为探究其原因，基于波特菱形理论的视角，从生产要素、成本与价格、质量监管状况、市场需求状况、乳制品加工业发展状况、政策与机遇六个方面进行比较分析，进而提出提升中国乳业国际竞争力的政策建议。刘长全、韩磊、张元红（2018）从绝对优势、比较优势和品牌竞争力三个角度系统分析了中国乳业竞争力及其国际比较情况，并探讨了中国乳业竞争力不足的主要原因，在此基础上提出中国乳业转型发展的思路。研究表明，中国乳业竞争力不足表现在成本与价格大幅高于奶业发达国家、乳制品消费存在明显的进口偏好和贸易竞争力指数趋于下降等方面；乳业国际竞争力不足既有资源禀赋原因，也与偏低的技术进步贡献、过快的规模化过程和不利的贸易条件以及国内外农业政策相关。提升乳业竞争力需要通过推进适度规模养殖和种养一体化以及提高技术进步贡献率来提高效率、降低成本；通过加强乳制品质量建设，提升消费者信心和中国乳业品牌竞争力；通过完善乳业管理体制与乳业政策，巩固乳业发展的养殖业基础。边英姿（2016）基于 2010 年至 2014 年世界多国详细的乳制品贸易数据及进出口贸易数据，通过市场占有率、RCA 指数和 CA 指数的计算，分析比较我国乳制品行业的竞争力状况。同时，基于 2005 年至 2014 年的相关数据，利用 Tobit 模型对影响我国乳制品行业因素进行分析。

3. 中国与其他国家乳业贸易关系研究

在中国乳业贸易研究方面，大部分学者倾向于中国与乳业发达国家间的探讨，比较中国与乳业发达国家乳企的差异性，提出对发达国家质量安全与监管体系的经验借鉴。如周俊玲（2010）阐述了荷兰、美国、日本发达国家乳制品质量安全的相关法律和监测体系，提出加强并完善中国乳业的监管机制。沙米拉·色依提、邓峰（2015）分析新西兰、澳大利亚、荷兰及美国乳业产业纵横向优势特征，进而得出中国乳业在养殖、生产、加工、市场等方面借鉴经验。李雪（2018）通过对比中澳自贸区建立前后，中国从澳大利亚的乳品贸易总量分析自贸区的建立给中国和澳大利亚带来的新挑战,并提出了促进中国对澳乳制品的贸易对策。刘艳、朱家明(2017)以中国对澳大利亚的乳制品进口为切入点,通过建立局部均衡模型,分析税率对中国与澳大利亚之间的乳制品贸易和经济效应,并以模型运算结果为基础,分别在政府和企业两层面提出中国乳业未来发展的建议。王玉庭、杜欣蔚、王兴文(2018)通过实证分析中美贸易战对中国乳制品贸易的影响,结果表明中美贸易战将导致公斤牛奶生产成本上升6%左右,但对中国婴幼儿配方奶粉生产影响有限。Linas Jankauskas(2017)综合分析中欧之间的贸易现状和发展趋势,并结合中国的乳制品产业发展现状和乳制品贸易现状,通过建立引力模型,研究中欧进口税减低对中国乳制品进口贸易的影响,最后对中欧贸易区的发展趋势和中国的应对策略进行了分析和建议。

"一带一路"倡议提出以来,学者中国与"一带一路"沿线国家和地区间的乳业贸易关系研究逐渐增加。刘家贵、王录安等(2016)基于引力模型使用最小二乘法,研究中国从"一带一路"沿线国家和地区进口乳制品的影响因素,得出中国适合从欧洲和澳洲进口乳制品,而向周边国家出口乳制品。杨莉(2018)通过对比中国乳制品贸易与中国与"一带一路"沿线国家和地区乳制品贸易的规模、产品规模以及地理位置等,结合贸易互补指数对中国与"一带一路"沿线国家和地区乳制品进出口贸易互补性进行分析,结果发现中国从"一带一路"沿线国家和地区进口以乳清和鲜乳为主,鲜奶进口量最近有增长的趋势;同时提出积极扩大进口贸易伙伴范围,加强与"一带一路"沿线国家和地区的贸易合作关系,改善中国进口集中地的依赖性。

二、贸易格局研究方法

通过浏览大量的文献,笔者发现学者对国际贸易研究的方法主要分为以下几类:一是通过引力模型分析贸易影响因素以及发展潜力;二是运用贸易指数方法分析国家间的竞争力;三是利用钻石模型分析产业国际竞争力以及影响因素;四是利用贸易复杂网络模型分析国家在贸易网络中所处的地位以及网络中某一产业贸易进展的特征。

1. 贸易引力模型的运用

贸易引力模型的思想来源于物理专业中的万有引力定律,后来经济学家逐渐将贸易引力应用到贸易学中。Linnemann（1966）利用引力模型,通过引用贸易协定和人口变量分析出口贸易的影响因素；Huff、Jenks（1968）运用引力模型探讨了贸易摩擦对双边贸易的影响,发现两国之间的贸易摩擦对贸易产生负向影响,缩小贸易范围,反之会扩大贸易范围并增加贸易量；Gebrehiwet、Ngqangweni 和 Kirsten（2007）利用引力模型分析了贸易摩擦对南非食品出口的作用力度以及方向。虽然中国国内应用引力模型的相关研究起步较晚,但已趋于成熟,涉及并应用到各行各业,特别是"一带一路"倡议提出以来,中国与"一带一路"沿线国家和地区间的贸易潜力研究越发成熟,从微观层面来看,其主要涉及工业制成品、跨境物流绩效、文化旅游、教育、农业等（程云洁、董程慧,2019；沈子杰,2019；邢宇欣,2019；刘祥艳、杨丽琼、吕兴洋,2018；李丹、夏秋、周宏,2016）；从宏观层面来看,众多学者运用引力模型测算中国与"一带一路"沿线国家和地区的贸易潜力（张梦昊,2019）、两国或多国之间的贸易投资便利度（黄英婉,2017）等。总体来说,引力模型在分析两国或多国之间的影响因素,测算贸易潜力等方面已经步入成熟阶段。

2. 贸易指数的应用

常用的贸易指数有贸易竞争指数（TC）、显性比较优势指数（RCA）、国际市场占有率指数（MS）、贸易互补性指数（TCI）等来分析等,用来分析某一国家某一产业在国际上的市场地位,目前贸易指数的研究在农业贸易方面的应用已经非常普遍。李金锴、陈珏颖、刘合光（2019）结合TC 指数、RCA 指数、MS 指数共同分析中美农产品的比较优势,进而分析中美贸易摩擦对农产品贸易的影响。王品飞（2018）引入 TC 指数、RCA 指数和附加显示性比较优势指数（ARCA）探索影响中国与其他金砖国家之间农产品出口增长的因素。牛培培（2016）利用集中度指数、产业内贸易指数、TC 指数、相对比较优势指数（RTA）分析中日两国农产品贸易特征，发现中日两国农产品贸易产品集中度高，中国农产品整体竞争力较大。

3. 波特钻石模型的应用

波特钻石模型是由美国哈佛商学院著名的战略管理学家波特提出的，从6个角度分析一个国家如何形成整体优势，因而在国际上具有较强的竞争力。目前，钻石模型不仅应用于分析国家间产业发展的比较，也应用于分析国内某一省某一产业的发展优势。周雄（2019）将波特钻石模型中的6个指标进行量化分析，选取指标进行实证研究云南乡村旅游竞争力。蔡明（2019）在指数研究的基础上将波特钻石模型量化分析，发现生产要素与资本要素对中国农产品出口竞争力的影响比较显著。刘艳云（2016）基于波特钻石模型的五大要素选取了13个指标，运用计量软件对山东省农产品的国际竞争力以及影响因素进行分析。波特钻石模型在农业以及农产品国际竞争力的应用研究具有较强的说服力。

4. 复杂网络模型

科技进步的产物使更多、更大型的网络出现（如互联网、社交网、引用网络、搜索网络等），因此复杂网络模型也应用领域广、范围大。Serrano等（2003）首次运用构建了贸易网络并分析其特征结构，探讨了国际贸易问题，发现贸易网络的结构特征与复杂网络的典型特征非常吻合，同年Li X.等（2003）运用复杂网络模型研究国际贸易网络的特征结构，证明了贸易网络中有动力传播的现象。之后，更多学者利用复杂网络模型研究某一区域或某一产业的贸易演化特征以及格局变化。An（2014）、Wang（2014）、Zhang（2014）、Zhong等（2014）分别运用复杂网络模型探讨了全球石油贸易有向和无向网络结构，研究得出了共同贸易伙伴国家之间的相关性、进口依赖国间的相互作用模式、进口国之间的竞争关系及其竞争模式的演化和全球石油贸易国的演化特征及稳定性。更多的国内学者从世界贸易格局的演变特征分析（陈银飞，2011）到"一带一路"区域的贸易演化特征分析（石泽浩，2018），从总体的贸易分析（邹嘉龄，2015）到某一产业贸易分析（李萌，2018）展开研究，可以发现复杂网络模型已经应用到了各行各业以及各个经济区域。另外，任素婷、崔雪峰等（2013）利用复杂网络研究了中国在国际贸易中的地位，无论是从研究区域的扩大角度分析还是产业领域的拓展角度分析，复杂网络模型适用于我国乳业贸易发展格局研究。

三、研究评述

综合以上专家学者研究内容，关于乳业贸易的研究可以分为三个方面。一是关于国家的选择问题，大部分的研究集中于中国与乳业发达国家之间，通过研究发达国家的政策、产量、成本等因素提出借鉴经验等。因为中新自贸区、中澳自贸区的建立，关税壁垒降低，中国和新西兰、澳大利亚两国的乳业贸易关系更加紧密，中新自贸区、中澳自贸区的建立给中国乳业国内贸易、国际贸易、国内乳业发展等方面带来一定影响，因此更多学者关注新西兰和澳大利亚的乳业贸易、中国和这两国贸易给中国国内乳业带来的冲击等问题。二是关于乳业竞争力的研究，由于近年来中国乳业贸易发展趋势，基于乳业贸易基本特征，利用贸易指数以及计量模型分析中国与发达国家的乳业竞争力，进而分析影响中国乳业竞争力的主要因素，希望提出增强乳业竞争力的建议以改善这种贸易格局。同时，不同国家在不同乳制品的产量和贸易等方面具有比较竞争优势，而以上研究中鲜少具体分门别类，展开深入探讨。三是关于贸易影响因素的分析。乳业贸易的影响因素一直是学术学者在理论研究和实践研究的一个重要课题。前人的研究大多数是基于计量经济学中的贸易引力模型，进一步相关的是分析竞争力影响因素的波特钻石模型，这些模型中考虑因素忽略了投资的影响，忽视了以世界为一个整体展开的研究，也缺少贸易动因的详细阐述。

此外，在"一带一路"倡议下，对外直接投资（OFDI）给国民经济带来的效益显著，在各行各业的发展具有一定带动作用，这股热潮也带动了乳制品企业对外直接投资的发展，那么随着对外直接投资逐渐深化，乳业贸易格局是否发生转变、将会产生哪种变化、政府和企业应做好那些措施，这些问题都值得深思。目前，探讨对外直接投资对乳业贸易影响的文献较少，使用复杂网络模型分析乳业贸易演化格局的更为缺失，无法对中国乳业对外直接投资的投资政策以及乳业贸易可持续发展提供有益的参考价值，不能打破中国乳业贸易现有的格局。因此，本书将在前人学者的基础上填补这一空白。

第四节　研究内容和创新点

一、研究内容

第一章为绪论部分，本章内容主要包括研究背景、目的与意义，通过对文献梳理提炼关于贸易格局的主要研究方法，设计研究路线以及框架。

第二章为乳业贸易的相关概念及理论基础。本章主要对乳制品的概念进行界定，通过对复杂网络模型的理论、比较优势理论、国家竞争优势理论和区域发展理论进行详细描述。

第三章为世界各国、中国及"一带一路"沿线国家和地区乳制品贸易的现状。本章主要从贸易总体规模、贸易产品特征和贸易市场特征分别分析了中国和"一带一路"沿线国家和地区的乳制品贸易特征。

第四章为中国乳业贸易竞争力测度分析。本章主要通过对中国目前乳业生产和消费两方面分析，利用贸易竞争力测度指数分析中国乳业国际竞争力存在问题，进而利用波特钻石模型分析我国乳业贸易竞争力弱的影响因素。

第五章为中国与"一带一路"沿线国家和地区乳业贸易特征分析。本章分别建立乳业贸易无权网络和乳业贸易加权网络两个复杂网络模型，在乳业贸易无权网络中通过对指标度分布、网络密度、聚类系数、平均路径长度和互惠性展开分析；在乳业贸易加权网络中通过对指标强度分布、加权聚类系数和权重差异性展开研究，最后测算中国对"一带一路"沿线国家和地区乳业贸易依赖度。

第六章为中国与"一带一路"沿线国家和地区的乳业贸易影响因素。本章首先通过CMS方法对中国乳业贸易动因进行探析；其次分析中国乳企对外直接投资的区位选择影响因素分析，同时探讨乳企对外直接投资与乳业贸易之间相互作用关系；最后分析了中国乳业贸易的影响因素分析，最后测算了中国乳业贸易的发展潜力。

第七章为乳业发达国家国际化经验借鉴。本章通过探讨澳大利亚、新西兰和美国的乳业发展模式，在进行国际化的过程中所考虑的要素，从产品、市场和模式等方面展开具体分析，并对国家的模式进行差异性比较。

第八章为优化中国乳业贸易格局的政策建议。本章结合以上分析对政府和乳制品企业提出优化中国乳业贸易环境的政策建议，提高中国乳业的影响力。最后提出本书的不足以及未来展望。

二、本书的创新点

一是充分地对世界、中国以及"一带一路"沿线国家和地区的乳业国际贸易数据进行分析，通过结构相关的评价指标，将我国的乳业竞争力与主要乳制品贸易进行对比分析；利用复杂网络模型厘清"一带一路"沿线国家和地区及中国之间的贸易格局，使得出的关于我国乳业竞争力以及贸易现状的结论更客观且具有说服力。

二是本书在贸易的基础上添加了对外直接投资的解释，在探索中国乳业贸易动因之外，研究贸易的影响因素之中，分析乳制品企业对外直接投资与乳业贸易之间的相互作用关系；同时测算中国对"一带一路"沿线国家和地区的 HM 指数，得出其依赖度，使得出的结论推陈出新且具有科学性，更能够说明影响中国乳业贸易的核心要素。

第五节　研究方法与技术路线

一、研究方法

为了保证本书的科学性和严谨性，将采用规范分析与实证分析结合、定性分析与定量分析相结合的研究方法，力求做到方法科学、分析准确、方案设计合理且具有可操作性，具体如下所述。

1. 文献分析方法

通过查阅大量的国内外文献，收集关于乳业贸易的文献资料并进行整理。从研究内容和研究方法中筛选出与本书相关文献进行分析总结。在研究内容上主要从中国乳业贸易的基本特征、中国乳业贸易竞争力和与别国的贸易关系三个方面进行分析和总结，在研究方法上，主要是针对贸易引力模型、贸易指数、波特钻石模型以及复杂网络模型进行分析总结。本书通过梳理文献，使研究更具有现实意义。

2. 定性分析法

定性分析法在本书中主要体现在相关理论和概念的界定分析，其中强调了波特钻石模型的应用，其在理论上奠定了影响乳业贸易的基础。

3. 定量分析方法

本书通过定性描述世界乳制品贸易特征和中国乳制品贸易特征，同时，以"一带一路"沿线国家和地区作为一个整体，对其乳制品贸易特征进行分析，主要通过贸易总体规模、贸易产品特征以及贸易的市场特征展开研究。

4. 实证分析法

通过大量的数据收集，运用了复杂网络模型分析"一带一路"沿线国家和地区之间的乳制品贸易特征，运用回归模型对中国对外直接投资的影响因素分析，同时运用引力模型对中国与"一带一路"沿线国家和地区的贸易影响因素分析，分析中国对外直接投资对中国乳业贸易格局产生的影响。最后通过上述模型测算出贸易发展潜力。

二、技术路线

本书的技术路线见图 1-1。

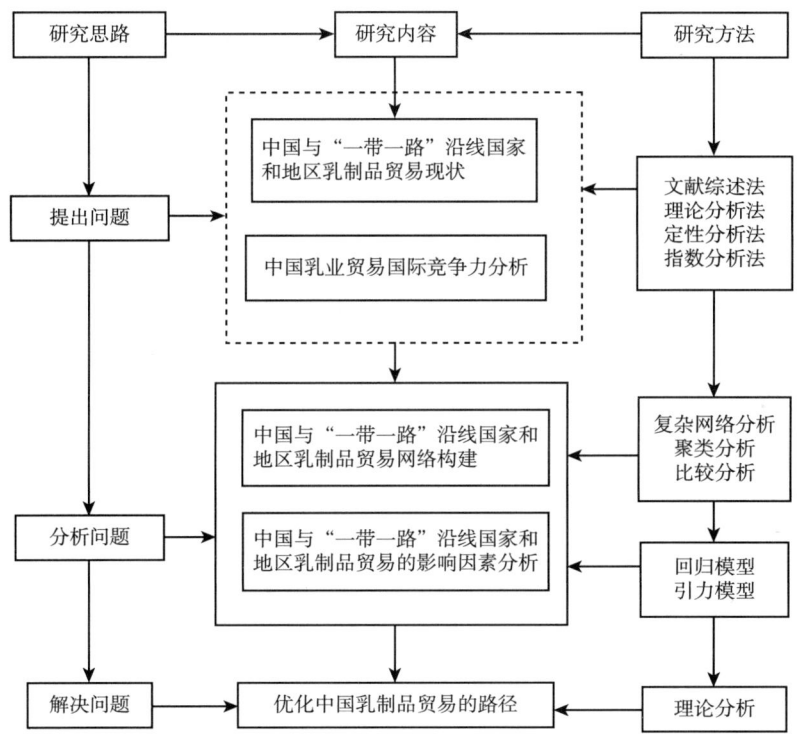

图 1-1 本书的技术路线

第二章

乳业贸易的相关概念及理论基础

第二章　乳业贸易的相关概念及理论基础

第一节　相关概念

一、乳制品概念的界定

乳制品是对其所有生鲜乳（牛乳、羊乳）及以其为主要原料，经过加工后制成的产品。此定义有更精准的限制条件：在加工过程中，要达到法律法规以及标准所规定的所有要求，如鲜奶要在生鲜乳高温杀菌的标准、加工过程的添加物符合食品规定等。目前，中国乳制品根据形态可分为液态奶和干乳制品。其中，液态奶主要有鲜奶和酸奶，干乳制品主要有乳清粉、奶粉、干酪、炼乳和奶油。

联合国贸易数据库中按照 HS（商品名称及编码协调制度的国际公约）编码制度分类，对进出口食品的分类，将乳制品分为六类：一是不浓缩、不加糖、不加其他甜味剂的牛奶和奶油；二是浓缩过或者加糖或加其他甜味剂的牛奶和奶油；三是无论是否经过浓缩、是否添加糖或加甜味剂，且经过发酵或酸化的牛奶或稀奶油；四是无论是否添加糖或者其他甜味剂，并由原料奶成分组成的乳清和产品；五是黄油和从牛奶中提取的其他油脂；六是芝士、奶酪和凝乳。上述乳制品的分类可以简化为以下六种：鲜奶（HS0401）、奶粉（HS0402）、酸乳（HS0403）、乳清（HS0404）、黄油（HS0405）以及乳酪（HS0406）。因此，为了使研究更有说服力，本书在仅涉及中国乳业贸易分析中使用中国奶业年鉴数据，而涉及国外贸易分析中均使用联合国贸易数据库的数据。

表 2-1　　　　　　　　各类乳制品表示含义

乳制品	编码	含义
鲜奶	HS0401	不浓缩、不加糖和不加其他甜味剂的牛奶和奶油
奶粉	HS0402	浓缩过或者加糖或加其他甜味剂的牛奶和奶油

续表

乳制品	编码	含义
酸乳	HS0403	无论是否经过浓缩、是否加糖或加甜味剂，且经过发酵或酸化的牛奶或稀奶油
乳清	HS0404	无论是否加糖或者加其他甜味剂，并由原料奶成分组成的乳清和产品
黄油	HS0405	黄油和从牛奶中提取的其他油脂
乳酪	HS0406	芝士、奶酪和凝乳

二、国际竞争力

竞争力普遍存在于各领域，其概念内涵广泛，当前理论界并没有一个统一的定论。企业竞争力、产业竞争力、国家竞争力，被普遍认为是竞争力的微观、中观、宏观划分界定。企业间的竞争，将更多的关注点放在稀缺资源的争夺。一般而言，分析竞争的基本单位是产业，因为产业是由一群企业以产品生产或劳务服务直接进行竞争。产业竞争力，作为竞争力的一个层面，既是国家竞争力的基础和前提又是企业竞争力的综合体现。

国际竞争力是为了衡量一国某产业在国际市场上与其他国家相比是否更具有比较优势和竞争优势（即一个国家的经济在国际竞争中所表现出来的综合能力）。而世界经济大辞典中的解释更加具体，它是指国家或企业在世界市场上进行竞争的能力，而新编经济金融词典中的解释加入了贸易顺差和逆差的概念（即立足于国际市场时），是指一国在国际市场上出售其产品的能力（即保持贸易顺差或贸易平衡的能力）。立足于国内经济时，国际竞争力是指一个国家在世界经济大环境下，创造增加值和实现国民财富持续增长的能力。

国际竞争力于20世纪80年代被提出，至今它仍没有明确的定义。经济学中对于竞争力的研究，更多的将关注点集中在贸易往来上，也发展了一系列的贸易理论来研究竞争力。从国际贸易的角度出发竞争力被定义为是一种比较优势，也将其定义为是出口份额及其增长。通过厘清竞争力的层面，本书将研究的重点放在宏观层面进行贸易国际竞争力分析，以期进一步借助比较优势理论、竞争优势理论的研究，分析影响乳制品贸易国际竞争力差异的具体因素。

三、贸易格局

贸易是一种商业活动，主要是指以货币为媒介的买卖或交易的活动或行为。随着社会发展和科技进步，贸易标的从实在延伸到虚拟，市场从有形延伸到无形，都在不断丰富和进步。但是贸易的核心依然是交换（即在自由平等的正常主体之间），交换遵循的原则是等价和同步，在中国西汉时期盛行的丝绸之路。包括国内贸易和国际贸易两种，本书中贸易主要指国际贸易，即国与国之间的贸易。

而贸易格局意为贸易往来的形势及发展趋势，例如两国之间是否具有贸易关系、贸易规模情况（贸易的交易量、交易额、交易价格）。因本书主要围绕中国乳制品贸易格局展开，以分析中国乳制品贸易竞争力为基础，在"一带一路"倡议的背景下探讨中国乳制品贸易的发展格局以及其发展趋势，因此本书中贸易格局主要指中国乳制品贸易往来形势以及发展趋势。

四、对外直接投资

对外投资是指在中华人民共和国境内依法设立的企业通过新设、并购及其他方式在境外拥有企业或取得既有企业所有权、控制权、经营管理权及其他权益的行为，是对外间接投资的对称。证券投资大辞典中解释为：投资者直接在外国举办并经营企业而进行的投资，也是国际投资的一种方式，并分类为参加资本、开办合资企业、收买现有企业、开设子公司（或分店）。

对外直接投资是国际资本流动的重要形式。《马克思主义原理辞典》中对对外直接投资的定义为：垄断组织通过在国外直接开办工矿企业、商业企业和金融企业等方式输出企业资本，明确指出了对外直接投资是输出资本的过程，是资本在国际流动的过程。根据联合国贸易与发展会议（2019）的定义，对外直接投资是一个国家的居民为了建立长期关系或持续收益权和控制权，而对另一个国家或地区的企业进行的投资。该定义主要强调了对外直接投资的主要目的是控制所投资企业的控制权。而本书的定义与证券投资大辞典中解释相似，即乳制品企业直接在海外举办并经营企业而进行的投资，乳制品企业资本输出的迅速发展，使国内大型乳制品企业加速突破国境而进入国际领域。

第二节 研究理论基础

一、复杂网络模型理论

复杂网络起源于 Euler 对七桥问题的研究,也是图论的开端。目前对复杂网络的定义没有明确的规定,维基百科中写道:由数量巨大的节点和节点之间错综复杂的关系共同构成的网络结构,就是说其是一个有着足够复杂的拓扑结构特征的图。但从查阅文献来看,众多学者同意以上定义,部分学者分别从图论和矩阵两方面理解。从图论角度看,假设一个网络中具有 n 个节点和 m 条边,给定节点集 $V = \{v_i\}$ 以及边集 $E = \{e_i\}$,其中边集是由 V 中元素无序对的一个集合,连边可以是有向,也可以是无向的。若连边是无向的,则任意两个节点 i 和 j 之间的连边 e_{ij} 与 e_{ji} 具有相同含义;若连边是有向的,则节点 i 和 j 之间的连边 e_{ij} 和 e_{ji} 含义适合具体情境。从矩阵角度看,常用邻接矩阵 A 表示给定网络的结构信息。即如果两个节点 i 和 j 之间存在连边,则 $a_{ij} = 1$,否则 $a_{ij} = 0$(包括 $i = j$ 的情形),另外,在无向网络中,$a_{ij} = a_{ji}(i \neq j)$,其网络矩阵 A 为:

$$A = \begin{bmatrix} a_{11} & \cdots & a_{1n} \\ \vdots & \ddots & \vdots \\ a_{n1} & \cdots & a_{nn} \end{bmatrix} \qquad (2-1)$$

网络结构的性质根据给定网络的微观量的统计描述指标确定,称为静态几何量。目前根据静态几何量的不同性质,复杂网络模型主要有规则网络、ER 随机网络、WS 小世界网络和无标度网络。

1. 规则网络

顾名思义,规则网络的特点是任意两个节点之间的联系遵循既定的规则,通常每个节点的近邻数目相同。具有平移对称性的普遍特征,同时每个节点的度和聚集系数相同,且平均路径长度和聚类系数较大。常见的规则模型有全局耦合网络、最近邻耦合网络和星形耦合网络。

2. 随机网络

一个复杂网络中的节点通过随机性连接,同时两个节点的连接概率相当,则该复杂网络被认为是随机网络。与规则网络相反,随机网络的平均距离较短、聚类系数小,遵循 Poisson 度分布。最经典的随机网络是 20 世纪 60 年代,Erdos 和 Renyi 建立的 ER 随机图模型。ER 随机网络的许多性质都是突然涌现的,即任一给定的概率(p),要么几乎每一个图都具有某种性质(Q),要么几乎每一个图都不具有该性质。

3. 小世界网络

1967 年,Milgram 通过实验表明,在社会网络中,平均只要通过六个连接关系,一个人就可以与地球上任何其他人建立某种联系,这就是著名的"六角分离"推断,体现了复杂网络的小世界特征。作为从完全规则网络项完全随机网络的过渡,1998 年,Watts 和 Strogatz 引入了一个小世界网络模型,称为"WS 小世界模型"。他认为,在一个网络中,任意两个节点总是有一条相当短的路径,这就是小世界特性。小世界特征有比较短的平均距离,还表现出相对较大的聚类系数。其构造算法如下。

从规则图开始,一个含有 N 个节点的最近邻耦合网络,其中每个节点都与它左右相邻的各 K/2 个节点相连,K 是偶数。

随机化重连,将上述规则图中的每条边以概率 p 随机地重连,即将边的一点保持不变,另一点以概率 p 变为网络中其余 N−K−1 个节点中随机选择的一个节点。其中规定,任意两个不同的节点之间至多只能有一条边,即若重连的两个节点之间有边,则改变不进行重连。

在上述模型中,$p=0$ 对应于完全规则网络,$p=1$ 对应于完全随机网络,通过调节 p 的值就可以控制从完全规则网络到完全随机网络的过渡。

4. 无标度网络

很多网络的大部分节点只有少数几个连接，而某些节点却拥有与其他节点的大量连接，具有严重额异质性，各节点连接状况具有严重的不均匀分布性，表现在度分布上就是具有幂律形式，$p(k) \sim k^{-r}$。Barabasi 和 Albert 为了解释度分布的幂律产生机理，提出了一个无标度网络模型（称为"BA 模型"）。BA 模型不同于以前网络的特点是增长特性（即网络的规模不断扩大）和优先连接特性（新的节点更倾向于与那些具有较高连接度的"大"节点相连接）。基于以上两个特点，BA 无标度网络的构造算法如下。

（1）增长。给定一个具有 N 个节点的网络开始，每次引入一个新节点，并且连到 M 个已存在的节点上，这里 N≤M。

（2）优先连接。一个新节点与一个已存在的节点 v_i 相连接的概率 P_i 与节点 vi 的度 k_i 满足如下关系：

$$P_i = \frac{k_i + 1}{\sum_j (k_j + 1)} \quad (2-2)$$

本书选取了"一带一路"沿线国家和地区构建乳业贸易网络模型，符合上述解释。以国家为节点，以贸易关系为连接，以贸易方向分为有向和无向，分别能够判断乳业贸易网络平均路径长度、聚类系数来进一步说明网络特征，进而阐述在"一带一路"倡议的背景下，乳业贸易中反应的脆弱性，强化乳业贸易体系，完善乳业贸易链。

二、国家竞争优势理论

国家竞争优势理论又称为"钻石理论"，由美国迈克尔·波特在《国家竞争优势》中提出，主要运用于对一个国家或地区的产业进行竞争优势分析，进而得出国家竞争优势的关键要素。他认为，影响一个国家产业竞争力的主要因素有四种，分别为生产要素、需求条件、企业战略与同业竞争和相关及支持产业；还有两个辅助要素（即机遇和政府），具体的理论模型可用图 2-1 表示。

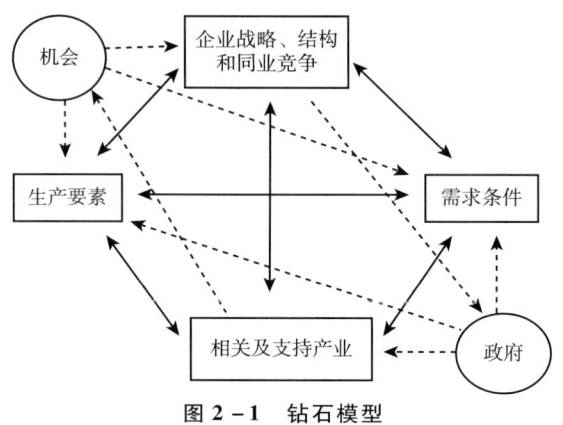

图 2-1 钻石模型

生产要素主要包括初级要素、高级要素两大类，一是初级要素，主要是指一个国家先天拥有的自然资源、地理位置以及环境因素等，占据某产业生产要素的天然优势，这是别国不可匹敌的自然禀赋。二是高级要素，它是指通过人为创造的因素，具有技术性、科学性、专业性，是在发展过程中通过积累经验不断创新、研发的所拥有的优势，但是高级要素是可以通过学习改变不利地位的一种要素。对于一个国家，高级要素要比初级要素更加重要。

需求条件主要是指国内市场的需求条件，分别从国内市场需求数量、质量和超前性三个角度说明国内市场需求带动了整体国家的竞争力，如国内市场需求数量大于海外市场则拥有规模经济，该国家具备建设产业的国际竞争优势；消费者对需求的质量高，则对国内产业在生产过程中产生压力，促进公司对产品质量、性能和服务等方面进步和创新，进而拥有产业国家竞争优势；若需求具有超前性，则本国公司相应地走在世界相关产业的前沿。

国家竞争优势理论不仅是基于国家层面考虑，也是站在公司的角度进行剖析，这也是波特提出的要素之一（即企业战略与同业竞争）。一国的企业多种多样，同行业公司从规模、组织形式、产权结构、竞争目标、管理模式等方面均具有差异性，而这些差异性往往是企业具有有效竞争的关键因素，同时国内市场的竞争环境对该国产业取得国际竞争优势具有重大影响。国内市场的竞争压力会迫使企业改革、在技术上不断创新，进而有利于国家整体的优势地位。

相关及支持产业是指与企业有关联的产业和供应商。企业经营不仅是自身产业发展能够支撑，还需要相关产业的支持与具有竞争力的供应商，通过合作、规模生产、信息交流获得并保持竞争力。一个国家要想获得持久的竞争优势，就必须在国内获得有国际竞争力的供应商和相关产业的支持。

除以上四种因素以外，机遇与政府对国家形成竞争优势具有辅助作用。机遇包括重大发明、技术突破、生产要素供求关系的重大转变或者其他的突发事件。政府因素主要是指政府发挥的调节作用，以创造国家竞争优势。

与乳业发达国家相比，技术性、专业性和研发优势等也相对落后；国内的需求条件在数量和质量方面具有比较优势但是在超前性方面还比较欠缺（如奶酪和黄油等黄金性产品）；国内乳业发展晚，企业文化等渗透不深以及国内乳制品安全事件频发造成了国内乳制品企业竞争力低下；国内支持性产业如饲料产业链完整，能够运用钻石模型说明乳业竞争力问题。因此，本书采用钻石模型分别从上述几方面在第四章运用数据等进行详细的说明。

三、比较优势理论

比较优势理论是斯密的绝对优势理论的发展和继承，比较优势理论中最具有代表性的是大卫·李嘉图的相对比较优势理论和赫克歇尔—俄林的要素禀赋理论。这两个理论是对斯密绝对优势理论的补充，弥补了绝对优势理论的缺陷，其中李嘉图提出的相对优势理论指出了劳动这一生产要素是引起国际贸易和国际分工的主要因素，赫克歇尔—俄林的要素禀赋理论认为资本、土地、劳动以及其他生产要素共同作用引起生产成本差异性导致产品具有相对优势。这两个理论的共同点是把国家自然资源禀赋作为贸易的基础条件，因此又称为"外生比较优势理论"。

结合时代背景和贸易实况，这两个理论能够很好地解释当时的国际贸易形势，但随着全球化以及国际贸易的迅速发展，外生比较优势理论并不能完全解释丰富、多样的贸易形态，诸多的假设条件使其存在诸多局限性（如不完全竞争市场的出现、动态分析等），因此随后涌现了大批经济学者对其进行拓展研究克鲁格曼、布兰特、斯宾塞等提出的规模经济模型和市场结构模型，斯蒂格里茨、迪克塞特、诺曼等提出的产品差异模型，这些都是在不完全竞争市场中的静态比较优势理论。但国际贸易和分工是动态发展的过程，落后国家经常引进先进技术、制定经济发展战略，努力发展和完善自身的主要产业，提升国际地位。萨缪尔森的"要素价格均等化"模型、克鲁格曼的"技术外溢"和"中干学"模型、蒙代尔的要素国际流动模型等将经济增长或经济发展理论引入贸易结构，研究在经济增长和产业结构转换的过程中贸易结构以及产出的经济效益和社会福利的变化，揭示了要素积累和技术进步引起的比较优势动态变化的决定因素及内在机制，试图将比较优势与贸易结构内生化与动态化。

目前，乳业发达国家的乳制品由于初级要素的成本极低，造成乳品价格差异性较大，使其产品具有相对优势。而国内乳品需求大，共同作用下带来乳品国际流动。国内乳制品相关产品对工业奶粉、乳清的需求说明了当前的国际贸易形势。即使国内鲜奶有剩余，国内每年对乳清的进口量也依然递增。国内乳品安全事件的频发使进口加剧。国内外产品质量差异显著，特别是婴幼儿配方奶粉，国外产品大量进入中国市场。虽然国内致力于发展和完善产业技术并且制定了发展战略来提升国际地位，但从目前研究结论以及中国乳业国际贸易形势来看作用并不显著。因此，进一步分析乳业贸易比较优势就显得尤为重要。

四、区域发展理论

对区域发展理论的研究可以从区位理论入手，按照发展过程以及内容从成本、市场、行为三个角度区分。成本论起源于19世纪20年代的欧洲，农业规模的迅速发展刺激了企业家和经济学家们对区位理论的研究。成本论认为区位选择总是趋向生产成本最低的地区，具有代表性的是杜能的农业区位论和韦伯的工业区位论。农业区位论指出农作物产地和厂商区位应

第二章 乳业贸易的相关概念及理论基础

该接近消费市场，缩短距离进而减少运输成本实现利润最大化；工业区位论指出影响区位选择的一般要素是运费、劳动成本和集聚效应，这三个要素决定了生产成本最小化，分析了工业布局中以最小成本支出取得最大经济效益的思想。对跨国企业对外直接投资在工厂区位选择方面产生重要影响。

市场论是从市场—利益的角度思考，在垄断资本条件下对最大利润的追求为背景产生的，德国学者克里斯塔勒首先系统地解释了"中心地理论"，并指出优越的市场空间是产业空间形成的重要指标。廖什在《区位经济学》中指明了消费需求量是优越的市场空间形成的关键，市场容量又取决于消费强度、消费倾向、产品价格、市场半径、产品推销技术、单位产品的运费等相关因素。投资人追求的实质是利润最大化，成本最低不代表利润最大，市场论分析了利润最大化是影响区位选择的决定性因素，从而让区位论走向宏观论。

行为论从市场论、成本论都没考虑的决策人行为角度出发，决策人自身对产业的认知、具备的能力、储备的知识、市场的灵敏度等会影响决策人对地理位置的选择，决策人会趋向选择短期或长期成本最低和利益最大的地区。当成本逐渐下降时，决策人的选择就显得尤为重要，但是由于信息的不完全性，因而这时决策人对区位的选择并不一定是最理想的。

就乳业而言，目前中国乳制品企业的 OFDI 在区位方向上初步符合成本论和行为论对于区域发展理论的蕴涵。新西兰、澳大利亚、爱尔兰和荷兰均是乳业相对发达的国家，这些国家自然资源禀赋，适合乳业下游产业发展，使其成本最小化，乳制品企业负责人根据自身经验和乳业的认知以及市场的灵敏度而作出决策，根据自身长期对乳业的学习、市场趋势的掌控，使其负责人相对其他人具有相对的信息完全性，能够减少信息不完全性的损失。而从市场论的角度来看，乳业发达国家在市场需求上具有一定的超前性，波特也在《国家竞争优势理论》一书中明确了市场需求不仅是数量上和质量上的需求，也要思考其对产品种类的需求。那么，选取乳业发达国家作为投资区域也就具有一定的现实意义，同时研究乳制品企业投资对乳业国际贸易产生的影响同样重要。

第三节　本章小结

本章界定了研究的相关概念，由于涉及国内和国外分析数据来源不同，因而笔者主要阐述了联合国贸易数据库中不同乳制品的具体含义，具体说明了贸易格局的概念，并且介绍了乳业贸易的相关理论基础：复杂网络模型理论、国家竞争优势理论、比较优势理论和区域发展理论。这为下文研究奠定基础。

第三章

乳业贸易基本现状

第三章 乳业贸易基本现状

本部分主要介绍了世界乳业贸易现状、中国乳业贸易现状以及"一带一路"沿线国家和地区的乳业贸易现状。采用1998年至2017年贸易数据对世界乳业贸易进行梳理,2009年至2018年的贸易数据对中国和"一带一路"沿线国家和地区的乳业贸易进行描述统计,从贸易的总体规模情况、产品结构情况和市场结构情况三个方面出发,具体分析近十年来世界乳业贸易、中国乳业贸易和"一带一路"沿线国家和地区乳业贸易的发展历程和特征,探讨中国乳业贸易和"一带一路"沿线国家和地区乳业贸易在世界乳业贸易中所具有的深远意义。其中,中国乳业贸易部分数据主要来源《中国奶业年鉴》,"一带一路"沿线国家和地区乳业贸易数据主要来源于联合国贸易数据库。

第一节 世界乳业贸易现状

一、乳业贸易总体规模

根据表3-1可知,1998年至2017年世界乳制品贸易额总体呈现持续上升的特征。从总贸易额来看,1998年世界乳制品总贸易额为520.31亿美元,2017年为1462.68亿美元,年均增长率为6.53%,近二十年,总贸易额两次达到峰值,第一次为2008年,即第一个十年,总贸易额为663.81亿美元,在前十年中总贸易额波动平缓,增长缓慢。虽然2009年总贸易额同比下降了20.15%,但是随后又呈上升趋势,且超过2008年的16.1%,之后在2014年再次达到峰值1764.01亿美元。从数据上可以看出,世界乳业贸易的总体发展并未受到金融危机的影响,前十年总体贸易额波动平缓,而后十年情况相反。

从理论上看,世界是一个整体,进口与出口是两个国家相对而言的,那么总进口额与总出口额数值应该相等,但是由于统计误差,实际数值上略有差异,但是从联合国贸易数据库数据显示的实际情况来看,两统计值相差不大,且变动趋势相同,因此,总进口额、总出口额和进出口总额的年均增长率相差不大,呈现"同增同降"的变动特征。具体从数值上表现为:1998 年世界乳制品总进口额达到 253.75 亿美元;2017 年为 705.5 亿美元,年均增长率达到 6.41%;1998 年世界乳制品贸易总出口额达到 266.55 亿美元;2017 年为 757.18 亿美元,年均增长率达到 6.67%。

表 3-1　　1998 年至 2017 年世界乳制品贸易情况　　单位:亿美元

年份	出口总额	进口总额	进出口总额	年份	出口总额	进口总额	进出口总额
1998	266.55	253.75	520.31	2008	663.81	629.04	1292.85
1999	248.39	249.33	497.72	2009	524.21	508.18	1032.39
2000	253.31	249.31	502.62	2010	634.44	602.49	1236.93
2001	275.76	267.70	543.46	2011	764.50	736.51	1501.01
2002	266.81	268.51	535.32	2012	738.04	708.34	1446.37
2003	322.32	323.09	645.41	2013	856.20	818.87	1675.07
2004	387.74	377.64	765.38	2014	892.79	871.22	1764.01
2005	416.94	399.10	816.04	2015	669.46	653.60	1323.06
2006	441.30	432.48	873.77	2016	654.13	635.97	1290.10
2007	569.74	552.88	1122.62	2017	757.18	705.50	1462.68

注:本书选取乳制品包括鲜奶(HS0401)、奶粉(HS0402)、酸乳(HS0403)、乳清(HS0404)、黄油(HS0405)以及乳酪(HS0406)。

数据来源:根据 UN Comtrade 数据库数据计算整理。

二、产品结构变动特征

由于出口与进口是相对而言,变动趋势具有一致性。从图 3-1 和图 3-2 的实际数据折线图也可以看出,虽然在数值上略有差异,但是 1998 年至 2017 年世界乳制品进口结构和出口结构变化趋势相同。因此此处仅分析出口结构。从出口产品结构来看,1998 年至 2017 年世界各乳制品在出口占比波动平缓,且以干乳制品为主,2017 年干乳制品在乳制品出口占比高达 83.76%。另外。乳酪在世界乳制品出口比重一直居高不下,2017 年出口比重为 40.18%,与 1998 年相比上升 0.19%,保持在 37.41% ~ 43.77%;奶粉在世界出口比重稳定于第二位,1998 年比重为 25.85%,2017 年则为 22.28%,下降比例不大,保持在 23.17% ~ 30.34%;黄油和鲜乳的世界出口占比相当，年平均占比分别为10.34%和11.32%；酸乳和乳清的世界出口比重一直较低，但是总体来看稳中有升，分别从4.86%和3.76%上升到5.32%和6%。

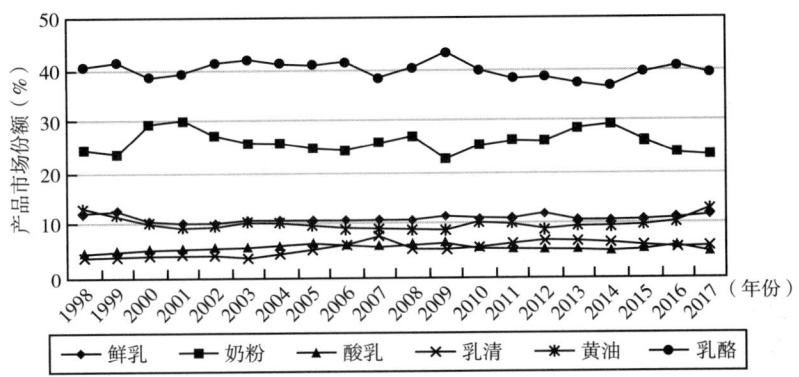

图3-1　1998年至2017年世界乳制品产品出口结构

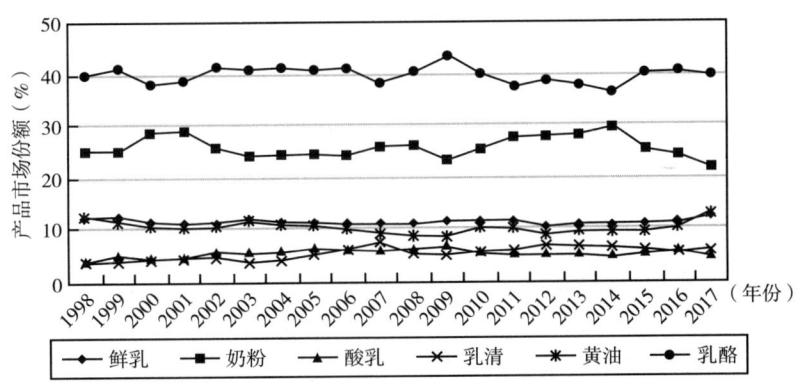

图3-2　1998年至2017年世界乳制品产品进口结构

数据来源：根据UN Comtrade数据库数据计算整理。

三、市场结构变动特征

虽然进出口的产品结构一致，但是市场结构并不相同。十年来，世界乳制品出口市场内部变化轻微，结构略有调整，但在大范围的区域调整不变。根据表3-2可知，世界乳制品出口贸易主要市场依然主要集中为大洋洲（主要指新西兰和澳大利亚）、欧洲（主要指欧盟）和北美洲（主要指美国)。1998 年欧盟各国为主要出口国,在市场比重中排名前三位的国家均属于欧盟国,且总占比达到了 46.2%,各国占比均高于 10%,此种情况持续到 2012 年,新西兰位居第二,占比为 12.54%,直至 2017 年以 13.1% 的比重位居第一位,与 1998 年相比上升了 5.16%。1998 年至 2017 年,新西兰、澳大利亚、欧盟各国和美国等国家乳制品出口总额占世界乳制品出口比重一直保持在 65% 以上,另外,新西兰、德国、荷兰和法国一直位于世界乳制品出口市场的前四位。而英国在 1998 年排名第十位,在 2007 年不在排名之内。

表 3-2　　世界乳制品出口市场排名前十国家以及出口比重　　单位:%

1998 年		2002 年		2007 年		2012 年		2017 年	
出口市场	出口比重	出口市场	出口比重	出口市场	出口比重	出口市场	出口比重	出口市场	出口比重
德国	17.61	德国	14.44	德国	15.27	德国	13.05	新西兰	13.10
法国	14.69	法国	13.42	法国	11.25	新西兰	12.54	德国	12.80
荷兰	13.90	荷兰	12.29	荷兰	10.25	法国	10.14	荷兰	11.68
新西兰	7.94	新西兰	9.00	新西兰	9.69	荷兰	10.06	法国	9.00
比利时卢森堡	7.18	比利时	6.25	比利时	5.49	美国	5.08	美国	5.13
丹麦	5.42	澳大利亚	5.80	美国	3.89	比利时	4.62	比利时	4.94
澳大利亚	4.94	丹麦	5.13	丹麦	3.83	意大利	3.84	意大利	4.46
爱尔兰	4.23	意大利	3.76	意大利	3.70	丹麦	3.36	丹麦	3.54
意大利	3.41	爱尔兰	3.30	澳大利亚	3.54	澳大利亚	3.00	爱尔兰	3.51
英国	2.62	英国	3.04	爱尔兰	3.53	爱尔兰	2.82	白俄罗斯	2.83

数据来源:作者根据联合国贸易数据库数据计算整理。

笔者分别选取代表大洋洲的新西兰、欧洲的荷兰和北美洲的美国进一步对出口对象国展开分析。根据表 3-3 可知,2017 年新西兰乳制品主要出口国是中国、澳大利亚、阿拉伯、马来西亚、菲律宾、阿尔及利亚和日本等国家,七国的乳制品出口贸易在新西兰总出口贸易的 54.11%,而中国占新西兰乳制品出口贸易市场的近三分之一,将近是排名第二的澳大利亚的 6 倍;荷兰乳制品出口市场主要为德国、比利时、法国、西班牙、英国、中国和意大利等，对前七位出口对象国出口比重合计为60.92%，其中：德国占比为24.47%，比利时占比为16.3%，与新西兰相比，各出口对象国分配相对较为平均；美国乳制品出口市场主要有墨西哥、中国、韩国、加拿大、菲律宾、日本和澳大利亚等国家，前七位占比合计为68.29%，其中墨西哥的占比近三分之一，与新西兰的出口对象国中国相似。出现此类现象的原因可以解释为：新西兰与中国签订贸易自定协议，中国从新西兰获取的乳制品在质量和价格方面具有一定的信任心理和优惠政策，且中国的需求量较大；而美国与墨西哥在地理位置上的优越性，使其文化差异性小也加强贸易往来关系，从而使墨西哥成为美国最大的出口对象国。

表3-3　2017年世界出口市场的主要对象国以及出口比重　　单位:%

	出口对象国	中国	澳大利亚	阿拉伯	马来西亚	菲律宾	阿尔及利亚	日本
新西兰	出口比重	29.21	5.04	4.78	4.27	3.70	3.69	3.42
荷兰	出口对象国	德国	比利时	法国	西班牙	英国	中国	意大利
	出口比重	24.47	16.39	10.66	3.40	3.35	3.28	3.02
美国	出口对象国	墨西哥	中国	韩国	加拿大	菲律宾	日本	澳大利亚
	出口比重	29.99	10.50	6.48	6.41	5.88	5.48	3.55

数据来源：作者根据联合国贸易数据库数据计算整理。

根据表3-4可知，世界乳制品进口市场主要集中欧盟（德国、法国、荷兰、意大利、比利时、西班牙）、中国、英国和美国等，1998年至2017年，德国乳制品进口贸易一直位于世界乳制品进口贸易第一，且保持在9.23%以上；而中国在世界乳制品进口贸易额的比重急剧上升，1998年中国并未在排名内，而2012年位居世界第七，占世界进口比重由2012年的4.54%上升至2017年的6.84%，排名也由第七位升至第二位，其原因可有两点：一是中国加入WTO后贸易经济发展迅速；二是乳制品安全事件频发导致对国内乳制品需求下降而对国外乳制品的依赖性提高。意大利的排名略有下降，且占比也从1998年的10.7%下降到2017年的5.62%。法国的排名上升，但是法国在世界进口比重反而下降2.1%。

表 3-4　　世界乳制品进口市场排名前十国家及其比重　　单位:%

1998 年		2002 年		2007 年		2012 年		2017 年	
进口市场	进口比重	进口市场	进口比重	进口市场	进口比重	进口市场	进口比重	进口市场	进口比重
德国	12.72	德国	12.03	德国	11.29	德国	9.23	德国	10.73
意大利	10.70	意大利	8.67	意大利	7.86	意大利	6.22	中国	6.84
比利时卢森堡	8.13	比利时	7.03	英国	6.09	荷兰	5.07	法国	5.85
法国	7.95	法国	6.53	荷兰	5.96	英国	4.99	荷兰	5.73
荷兰	7.40	荷兰	6.45	比利时	5.94	法国	4.90	意大利	5.62
英国	6.28	英国	5.91	法国	5.86	比利时	4.88	比利时	5.58
美国	3.66	美国	4.05	西班牙	4.29	中国	4.54	英国	5.07
西班牙	3.61	西班牙	3.91	墨西哥	2.96	俄罗斯	4.34	俄罗斯	3.41
日本	2.84	日本	2.71	美国	2.91	西班牙	3.05	美国	2.74
希腊	2.15	墨西哥	2.33	阿拉伯	2.26	阿拉伯	2.62	西班牙	2.67

数据来源:作者根据联合国贸易数据库数据计算整理。

2017 年,德国乳制品主要进口对象国为荷兰、法国、丹麦、奥地利、意大利、比利时和波兰等国家,排名前七位的主要进口对象国占比合计为 79.19%,另外 7 个国家中除丹麦和意大利之外均与德国相邻,且为欧盟国家,具有一定的便利;中国乳制品主要进口对象国为新西兰、美国、法国、澳大利亚、德国、荷兰和波兰等国家,七大主要进口对象国占中国进口市场的 91.69%,其中,新西兰乳制品进口额比重超过 56.28%,这一数字也说明中国对新西兰乳制品的进口依赖程度;意大利乳制品主要进口对象国则为德国、法国、比利时、荷兰、奥地利、西班牙和波兰等国家,前七名的比重合计达到 81.29%,其中德国比重超过三分之一(见表 3-5)。事实上,欧盟等国家在乳制品世界进口市场中所占比重差异性很小,且通常为内部交易,即欧盟国家会从欧盟国家进口乳制品,一是因为实行标准一致;二是因为位置相邻便于运输且可以节约成本。

表 3 - 5　　2017 年世界进口市场的主要对象国及其进口比重　　单位:%

国家		1	2	3	4	5	6	7
德国	进口对象国	荷兰	法国	丹麦	奥地利	意大利	比利时	波兰
	进口比重	27.52	13.96	9.10	8.90	7.06	6.37	6.28
中国	进口对象国	新西兰	美国	法国	澳大利亚	德国	荷兰	波兰
	进口比重	56.28	8.83	8.52	7.66	6.27	3.00	1.13
意大利	进口对象国	德国	法国	比利时	荷兰	奥地利	西班牙	波兰
	进口比重	37.26	16.88	6.99	6.41	6.34	4.24	3.16

数据来源：笔者根据联合国贸易数据库数据计算整理。

第二节 中国乳业贸易现状

一、中国乳业贸易总体规模

1. 中国乳制品进口规模显著上升

中国乳制品贸易进口总体呈现上升趋势,进口量和进口额发展趋势相一致,但涨幅略有差异。不管是进口量还是进口额,自 2009 年以来,增长呈现线性变化,至 2013 年达到峰值。从 2009 年到 2018 年,中国乳制品进口量年平均增长率达到 28.72%,进口额年平均增长率为 41.5%,其中 2014 年两个指标分别达到峰值,进口量为 181.25 万吨,进口额为 64.13 亿美元,中国乳制品进口贸易达到了前所未有历史记录。随后由于乳制品主产国受气候影响产量有所下降,中国乳制品进口也略微的有所缓和,但是 2016 年有所反弹,至 2017 年进口量为 217.4 万吨,环比增长 11.17%,进口额为 48.19 亿美元,环比增长 42.93%。另外,中国乳制品进口贸易的平均价格也随着进口量的变化而有所变动,当进口量增加时,平均价格也随着增长,至 2013 年为 3911.39 美元/吨。之后进口下降,加之中国乳业国际化发展效果凸显,乳制品进口平均价格呈现下降趋势(见表 3-6)。

表 3-6　　　　　　　　中国乳制品进口总体情况

年份	进口量(万吨)	占世界比例(%)	进口额(亿美元)	占世界比例(%)	平均价格(美元/吨)
2009	59.70	2.65	10.28	22.63	1721.93
2010	74.53	2.49	19.70	32.58	2642.62
2011	90.61	3.00	26.20	35.53	2891.84
2012	114.56	3.71	32.13	45.36	3484.02

续表

年份	进口量（万吨）	占世界比例（%）	进口额（亿美元）	占世界比例（%）	平均价格（美元/吨）
2013	159.22	4.90	51.88	63.35	3911.39
2014	181.25	5.35	64.13	73.60	3538.13
2015	161.12	5.56	31.81	53.70	1975.00
2016	195.56	5.92	33.71	52.99	1724.00
2017	217.40	6.40	48.19	64.69	2216.00
2018	231.20	6.99	52.94	69.77	2289.87

数据来源：《中国奶业年鉴》，2017年数据来源2018年奶业统计摘要。

2. 中国乳制品出口规模平稳下降

与乳制品进口贸易相比，中国出口贸易明显不足，中国乳业贸易在国际市场中处于不利地位。由表3－7可以看出，2009年中国乳制品出口呈现断崖式下降，之后波动平缓，与2008年相比，2010年中国出口量下降了72.01%，出口额环比下降了85.47%。2011年进口量和进口额均略有上升，但2013年由于中国乳制品企业加工产品能力严重过剩，原料奶大量短缺，引起大众品牌断档，国内乳制品供应出现局部短缺，进而中国乳制品出口量和出口额下降。2017年，中国乳制品出口量和出口额均呈现波动式变动。另外，由于中国乳制品与发达国家乳制品在质量等方面相比具有比较劣势，其出口单价与进口单价相比差距较大，且与2008年相比，2009年出口价格下跌了38.29%。

表3－7　　　　　　　　中国乳制品出口总体情况

年份	出口量（吨）	占世界比例（%）	出口额（万美元）	占世界比例（%）	平均价格（美元/吨）
2009	3.68	0.16	0.57	1.27	1546.77
2010	3.38	0.11	0.44	0.69	1301.57
2011	4.33	0.14	0.8	1.01	1838.72
2012	4.49	0.14	0.82	1.11	1834.42
2013	3.61	0.11	0.57	0.67	1581.54

续表

年份	出口量（吨）	占世界比例（%）	出口额（万美元）	占世界比例（%）	平均价格（美元/吨）
2014	3.99	0.11	0.75	0.84	1884.07
2015	3.33	0.11	0.45	0.77	1353.00
2016	3.08	0.09	0.47	0.72	1537.00
2017	3.26	0.10	0.48	0.62	1469.00
2018	3.88	0.12	0.57	0.71	1461.60

数据来源：《中国奶业年鉴》，2017年数据来源于2018年奶业统计摘要。

3. 中国乳业贸易逆差缺口增大

由图3-3中可以看出，2008年以后，中国成为乳制品贸易净进口国，中国乳业贸易逆差持续上升，年均增速为35.44%，2013年达到峰值（70.9亿美元）。2014年和2015年，受天气影响，主要乳制品出口国乳业产量下降，中国乳制品进口额有所下降，同时出口额也有所减少，因此2015年中国乳业贸易逆差下降至31亿美元，但2016年开始反弹。总体来看，中国乳业贸易逆差缺口逐渐增大，乳业贸易过度依赖进口。

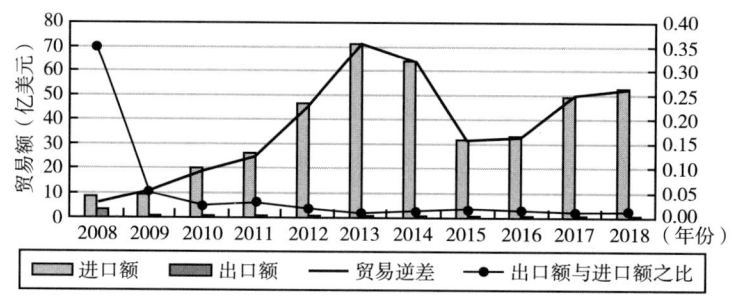

图3-3　2008年至2018年中国乳品贸易变化情况

数据来源：《中国奶业年鉴》。

受三聚氰胺事件和关税壁垒的影响，无论是进口量还是进口额，中国乳制品进口贸易骤然上升，虽然经过十年的发展，政府和企业的各方努力，中国乳业得到了缓慢的恢复，但是中国乳业在国际市场地位还是受到不可逆转的负面影响。

二、中国乳业贸易产品结构特征

1. 中国乳制品进口产品结构不平衡

根据乳制品特性,受到运输条件、存储条件等限制,中国进口乳制品种类以液态奶(包括鲜奶和酸奶)和干乳制品(包括奶粉、炼乳、乳清、奶油和干酪)为主。特别是干乳制品,2008年干乳制品进口量为34.27万吨,2017年进口量为147.23万吨,进口量增加了33.29倍,虽然干乳制品进口量在总进口量中的比例减少,从2008年的97.63%下降至2017年的67.72%,但是其十年占比平均值高达85.68%,且在2017年占比依然在半数以上。另外,液态奶的进口量和进口额均呈现指数型上升,2008年液态奶进口量为0.83万吨,进口额为1572.95万美元;2017年进口量和进口额分别为70.17万吨和9.46亿美元。

根据中国人口结构变化,2011年中国政府提出"二孩政策",改善人口老龄化局面,这一政策刺激了中国婴幼儿奶粉的需求,外加中国乳制品质量安全事件频繁发生以及国人对国外婴幼儿配方奶粉的信赖;2012年婴幼儿配方奶粉进口量达到9.2万吨,6年平均增长率为27.51%;2017年婴幼儿配方奶粉进口量为29.6万吨,占总进口量的13.62%。另外,其他相关乳制品还有乳糖、酪蛋白和白蛋白,但其进口规模较小,2017年三种乳制品进口量总额仅占乳制品总进口量5.96%(见表3-8)。

表3-8 中国乳制品进口结构情况

年份	液态奶		干乳制品		乳糖	
	进口量(吨)	进口额(万美元)	进口量(吨)	进口额(万美元)	进口量(吨)	进口额(万美元)
2008	8319.96	1572.95	342747.33	84691.32	—	—
2009	14305.25	2406.28	582694.00	100392.94	—	—
2010	17119.09	3238.27	728174.45	193714.17	—	—
2011	43085.89	6941.51	862977.63	255077.95	46424.00	5679.00
2012	101678.38	14363.19	1043899.87	306943.09	79812.00	15585.00
2013	194807.32	27455.32	1397367.99	491324.62	83539.00	14480.00

续表

年份	液态奶		干乳制品		乳糖	
	进口量（吨）	进口额（万美元）	进口量（吨）	进口额（万美元）	进口量（吨）	进口额（万美元）
2014	328896.99	44474.96	1483616.82	596816.79	84855.00	12565.00
2015	470423.00	51336.00	1140743.00	266809.00	89527.00	8357.00
2016	655036.00	68180.00	1300605.00	268945.00	87080.00	7026.00
2017	701713.00	94623.00	1472278.00	387234.00	87870.00	9348.00
2018	704153.00	97347.00	1607864.00	432078.00	117236.00	9858.00

年份	婴幼儿配方奶粉		酪蛋白		白蛋白	
	进口量（吨）	进口额（万美元）	进口量（吨）	进口额（万美元）	进口量（吨）	进口额（万美元）
2012	91511	104867	12476	12390	11576	13043
2013	122793	147795	12535	13864	16093	19745
2014	121366	154870	15449	18313	15858	19991
2015	175976	247120	21152	17216	17229	15740
2016	221326	301014	21071	13534	19585	12872
2017	296014	398008	18651	14542	23084	20255
2018	323096	474976	24499	17834	29351	23486

数据来源：《中国奶业年鉴》。

最受消费者青睐的液态奶是鲜奶和酸奶，但由于其本身的存储特征，中国乳业贸易中鲜奶和酸奶的进口量不高，特别是酸奶，从2008年到2017年，酸奶进口量在总进口量的比例一直处于0.16%~1.57%，更加适合本地销售；但是鲜奶的进口量在总进口量中的比例从2012年开始显著上升，2017鲜奶进口量占总进口量的30.71%，虽然比2016年下降了1.72个百分点，但是与2008年相比，增长了28.56%（见图3-4）。

从进口的干乳制品来看，奶粉和乳清的进口量在总进口量中的比例明显高于其他乳制品，分析原因主要有如下两点：一是成本低，这不仅体现在购买的显性成本，也体现于奶粉和乳清易于运输和储存的特点，降低运输风险和隐形成本；二是熟知度和接受度，三聚氰胺事件发生后，新西兰大包粉趁机进入中国市场，在时间上和空间上占据了先导地位，与奶粉和乳清相比，炼乳、干酪、奶油等应用范围比较窄，广大消费者对其认知比较晚。但随着中国乳业调整发展，乳清进口量在总进口量中所占比例呈现下降趋势，而奶粉所占比例出现波动式上升；然而与2008年相比，2017年奶粉进口量在总进口量中占比上升了4.25%（见图3-5）。

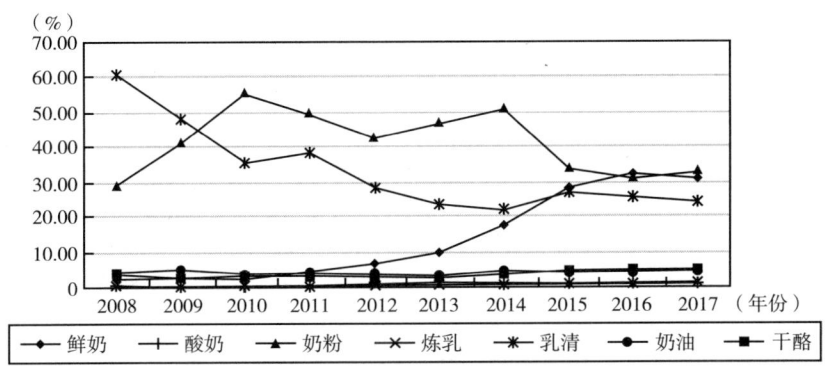

图3-4　2008年至2017年中国各种乳制品在总进口量占比情况

数据来源：通过《中国奶业年鉴》数据计算整理。

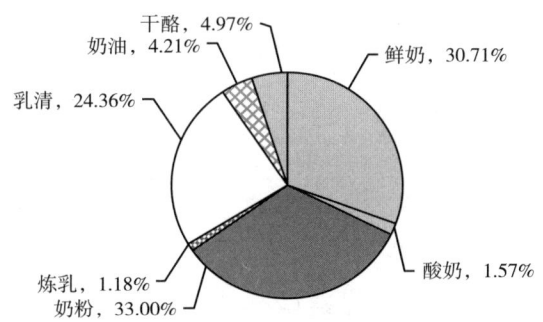

图3-5　2017年中国乳制品产品进口结构情况

数据来源：通过整理《中国奶业年鉴》计算整理。

与此同时，从图3-3中也可以看出，中国乳制品进口在产品种类方面出现不平衡现象，2017年进口乳制品中进口量最多的为奶粉，占比为33%；而占比最低的为炼乳，占比仅为1.18%，其与奶粉比，差31.82%，也是由于不同乳制品的用途、食用方法、存储条件、营养成分含量不同而引起消费者对其喜好程度不同，最后带来的需求差异性导致进口量存在不平衡。

2. 中国乳制品出口产品结构情况

与进口不同，2008 年以后中国出口乳制品占主导地位的是液态奶，其中以鲜奶为主。2008 年鲜奶出口量为 3.84 万吨，2017 年下降到 2.32 万吨，跌幅为 39.73%，侧面反映了国人对鲜奶消费量的增加，但是其在总出口量中所占比重呈现上升趋势，从 2008 年的 31.86% 上升至 2017 年的 71.12%。与其相反的是奶粉，当鲜奶比重上升时，奶粉比重下降，说明其他乳制品在出口贸易中波动平缓。总体来说，奶粉在总出口量中的比重呈现下降趋势（见图 3-6）。另外，根据《中国奶业年鉴》数据显示，2008 年中国对干酪没有发生出口贸易，2009 年才开始进行。

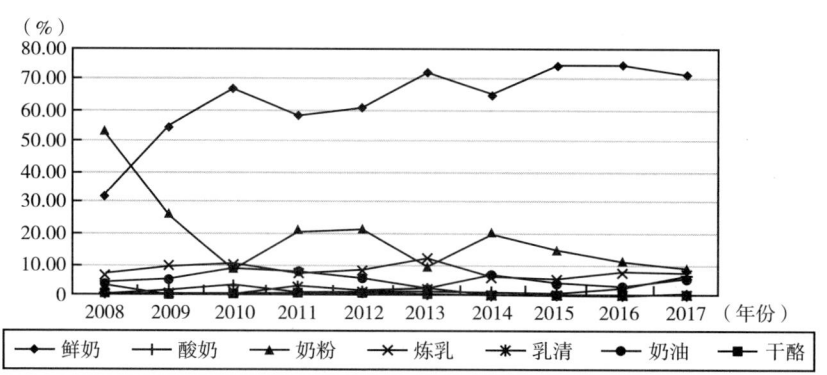

图 3-6　2008 年至 2017 年中国乳制品产品出口结构情况

数据来源：通过整理《中国奶业年鉴》计算整理。

通过对比 2008 年到 2017 年中国乳制品产品出口结构图可以发现，2017 年鲜奶出口比重呈现碾压式优势，而中国在 2008 年占优势的奶粉产品受到质量安全因素的影响，不仅出口量直线下滑，在总出口量的比重中也处于劣势（见图 3-7）。

三、中国乳业贸易市场结构情况

1. 中国乳业进口市场结构情况

中国是乳制品净进口国，且进口市场集中度较高。这不仅是关税壁垒一种影响因素，而且由于其乳业发达国家具有较高的资源禀赋但过度依赖会限制国内乳业发展，影响国际竞争力，因此研究进口市场结构具有现实意义。

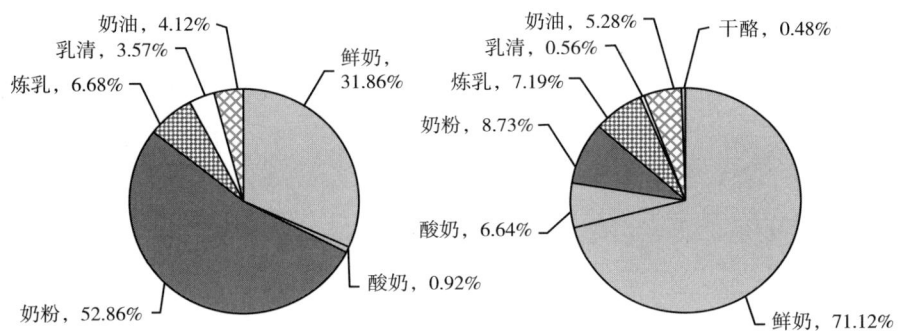

图 3-7 2008 年（左）与 2017 年（右）中国乳制品产品出口结构对比情况

数据来源：通过整理《中国奶业年鉴》计算整理。

从表 3-9 中可以发现，大洋洲、美国、欧盟始终是中国最大的乳制品进口市场，特别是新西兰，在中国进口市场中的占比从 2008 年到 2018 年涨幅为 14.3%，在进口市场中处于绝对优势地位，主要成因是中新自贸区的建立，创造了贸易转移效应，大幅降低了乳制品出口成本。受中美贸易摩擦的影响，美国进口市场比重从 2014 年下降了 4.66%，排名也从第二位下降至第三位。德国进口比重保持稳步上升，德国在世界上不仅第一大出口国、也是最大的进口国。产品竞争效应、市场竞争效应以及交叉效应共同促进了德国的乳业发展，使其在国际上具有较强的竞争力，同时在中国市场上也独占鳌头。其他欧盟国家如法国、荷兰、波兰等在中国乳业市场也占有一席之地。另外，波兰和白俄罗斯也是"一带一路"倡议签署国，新西兰在 2018 年也同我国签署了"一带一路"备忘录，这有利于中国乳制品企业利用新西兰自然资源建立健康、绿色、可持续发展的奶源基地，进而调整国际奶价、改善中国乳业的不利局面。

表 3－9　　2008 年至 2018 年中国乳制品进口市场排名
前十国家以及进口比重　　　　单位:%

2008 年		2011 年		2014 年		2018 年	
进口市场	进口比重	进口市场	进口比重	进口市场	进口比重	进口市场	进口比重
新西兰	28.37	新西兰	48.47	新西兰	47.81	新西兰	42.67
美国	25.98	美国	19.16	美国	14.71	德国	10.19
澳大利亚	12.39	法国	5.46	德国	9.27	美国	10.05
法国	11.63	德国	5.27	澳大利亚	6.02	澳大利亚	9.44
荷兰	4.06	澳大利亚	4.17	法国	5.96	法国	7.36
芬兰	3.21	荷兰	3.35	荷兰	2.10	荷兰	3.25
爱尔兰	2.76	阿根廷	2.26	阿根廷	1.87	波兰	2.95
德国	2.55	爱尔兰	1.97	波兰	1.86	白俄罗斯	2.31
新加坡	1.81	波兰	1.83	乌拉圭	1.41	爱尔兰	1.57
比利时	1.53	芬兰	1.66	爱尔兰	1.26	比利时	1.12

数据来源:作者通过对联合国贸易数据库计算整理。

2. 中国乳业出口市场结构情况

本部分内容选取联合国贸易数据库中国对其他各国,不同乳制品的出口量,由于联合国数据库将中国内地、中国香港和中国澳门单独列出,虽然中国香港和中国澳门都是中国内地的主要出口地区,但是本部分将中国香港和中国澳门排除。

如表 3－10 所示,2008 年至 2018 年,中国乳制品出口市场结构由均衡转变不平衡状态。2008 年排名前十出口市场所占比重分配均衡,最高占比与最低占比相差 8.22%,而 2018 年最高占比与最低占比相差 48.71%,从 2014 年到 2018 年,中国乳制品出口市场排名前十名中 80% 以上属于"一带一路"沿线国家和地区范畴,2018 年除荷兰和内宁外,前八位均与中国签署了"一带一路"备忘录,且与贝宁相邻国的尼日利亚反超,位于首位,侧面也反映了"一带一路"倡议促激发了中国乳业贸易出口潜能。

表 3–10　2008 年至 2018 年中国乳制品出口市场排名
前十国家以及出口比重　　　　　　　　单位:%

2008 年		2011 年		2014 年		2018 年	
出口市场	出口比重	出口市场	出口比重	出口市场	出口比重	出口市场	出口比重
贝宁	11.03	尼日利亚	44.75	伊拉克	53.29	尼日利亚	49.33
委内瑞拉	9.55	贝宁	13.38	尼日利亚	12.48	菲律宾	18.25
泰国	9.22	印度	8.74	多哥	5.64	新加坡	14.28
尼日利亚	8.09	马里	5.94	缅甸	3.65	缅甸	3.05
新加坡	7.88	多哥	3.34	塞内加尔	3.60	加纳	2.95
菲律宾	7.16	毛里塔尼亚	3.01	布基纳法索	3.52	塞内加尔	2.65
阿拉伯联合酋长国	4.76	菲律宾	2.88	马来西亚	2.44	阿富汗	2.29
毛里塔尼亚	3.73	缅甸	1.89	尼日尔	2.41	赞比亚	0.77
冈比亚	3.50	布基纳法索	1.75	菲律宾	2.18	荷兰	0.73
叙利亚	2.81	韩国	1.65	巴基斯坦	1.40	贝宁	0.62

数据来源:作者通过对联合国贸易数据库计算整理。

四、主要乳制品贸易市场结构

1. 主要乳制品进口市场结构

从中国乳制品贸易的产品结构特征分析中发现,十年间主要进口产品为乳清和奶粉,而鲜奶的进口额在总进口额中的比重也在逐年上升,近年来已经超过乳清占比。因此,本部分主要选取具有代表性的乳制品乳清、奶粉和鲜奶的进口市场结构展开分析,进而具体说明了中国乳业贸易现状。

(1)乳清进口市场结构。从上一节分析中可知,新西兰是中国乳制品贸易的主要进口来源国,在总的进口额中比重始终位于首位。但乳清进口市场结构与总体乳制品贸易进口市场具有一定的差异性。以 2018 年最近数据为基础,计算各个进口来源国在总进口额中所占比重,发现新西兰并不位于乳清的进口来源国的前十名中(2018 年新西兰排名位于第十二位,占总进口额的比例为 2.29%)。从图 3–8 中可知,中国乳清进口来源国集中在北美洲和欧盟国家，从前十名国家的进口总额占总进口额的80.7%以上。其中，美国始终保持首位，其进口额占比维持在30%~46%，分析其可能存在原因是美国乳清的单价相比其他国家较低，2013年至2018年平均单价为985.26吨/美元，同时低于中国乳清进口平均单价。其次较为明显的为法国和荷兰，占比分别维持在20%和10%左右。而德国、爱尔兰、波兰、阿根廷、白俄罗斯、芬兰和奥地利占比不大，白俄罗斯和奥地利为"一带一路"沿线国家和地区，其中白俄罗斯的市场单价与美国不分上下，虽然由于其产量及其他原因进口量和进口额占比不高，但比重却在逐渐提升，中国对其他国家进口额占比变化不大。

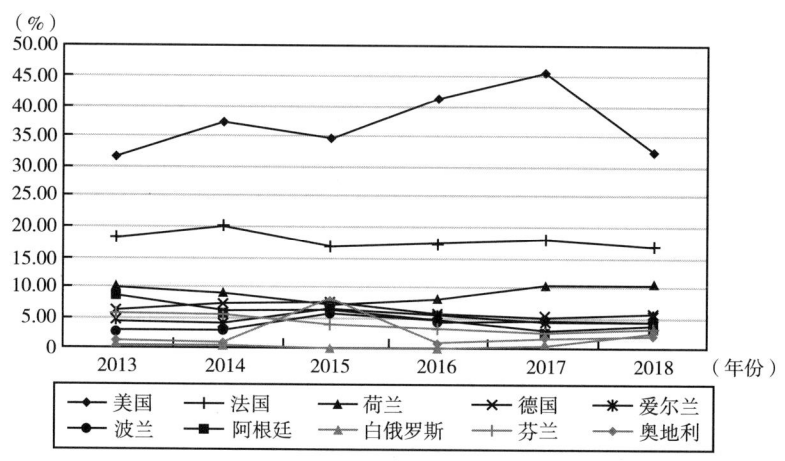

图3-8 2013年至2018年中国乳清主要进口市场占比情况

（2）奶粉进口市场结构。与乳清的主要进口市场不同，奶粉的主要市场主要集中于大洋洲，特别是新西兰，始终处于一家独大的态势。6年间从新西兰进口额在总进口额中的比重保持在70%以上。由于从其他国家的进口额所占比例较低，因此以2018年选取了排名前五的国家。从图3-9中可以看出，中国奶粉进口来源国出现"极端化"。2018年包括澳大利亚在内的排名前十国家总比重的总和仅为22.38%，是新西兰的30.49%，可以说明中国奶粉贸易对新西兰的依赖程度以及进口市场的集中度。

笔者分析其原因主要有以下几点：第一，奶粉产品特征。易运输、易存储的产品特征决定了贸易的可行性和便利性。第二，抢占市场先机。

2008年消费者对中国乳业市场消极态度使国内市场供需失衡,而新西兰的"工业大包粉"凭借价格优势进入中国市场。第三,签订中新自由贸易协定。中国和新西兰自由贸易协定的签订为新西兰进入国内市场降低了贸易成本,加速了新西兰乳业的"中国化"。

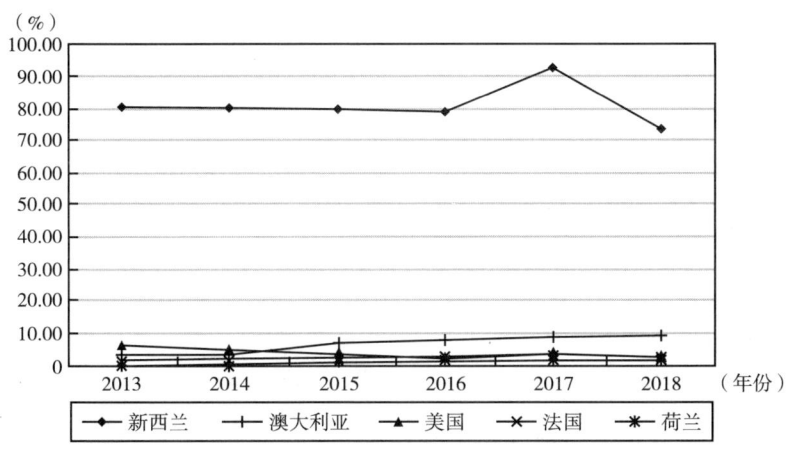

图3-9 2013年至2018年中国奶粉主要进口市场占比情况

另外,2017年中国与白俄罗斯开展了奶粉贸易,2017年对白俄罗斯的进口量和进口额分别为695万吨和194.1万美元;2018年的进口量和进口额增速实现了飞跃,分别为16110万吨和3465万美元,分别增长了22倍和16倍,在2018年中国进口来源市场中排名第八位,进口额占总进口额的1.43%,中国奶粉贸易呈现了多元化发展趋势,"一带一路"倡议无形中改变了乳业贸易格局,使中国乳业贸易依赖性有所变化。

(3)鲜奶进口市场结构。与乳清和奶粉相比,鲜奶进口市场结构所占比重变化较大。本部分依据2018年中国进口市场排名前六名国家(总占比为90.46%)展开比较分析。具有优势地位的是新西兰,对其进口额在总进口额中所占比重从2011年的54.9%下降至2014年的20.33%,第一次出现低谷,后逐年上升至2018年的41.04%,是中国鲜奶的主要进口来源国。其次是德国,根据联合国贸易数据库数据显示,德国是乳制品进口额和出口额最高的国家,也是中国的主要鲜奶进口国之一。2013年至2015年,中国对德国进口额所占比重位于首位。其次是法国,略高于澳大利亚，2018年在总进口额中的占比分别为8.84%和4.49%。对英国和波兰的进口额比重相差不大，2011年至2018年进口额平均占比分别为2.7%和1.24%。图3-10较为明显地显示出，新西兰和德国的鲜奶进口占比变化呈现"剪刀手"的趋势，在新西兰市场占比较低时，德国弥补了中国鲜奶市场的不足。

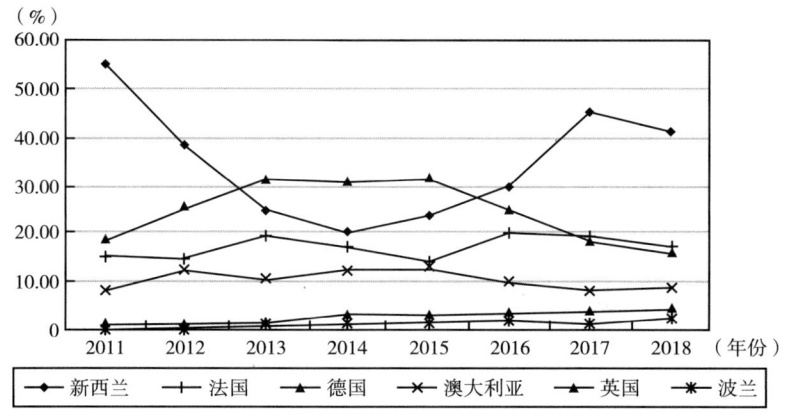

图3-10　2013年至2018年中国鲜奶主要进口市场

2. 主要乳制品出口市场结构

根据联合国贸易数据库第四章乳制品贸易数据库出口额显示，商品编码HS0401（鲜奶）和HS0402（奶粉）为中国主要出口乳制品，因此本部分主要分析鲜奶和奶粉的出口市场结构。

（1）鲜奶出口市场结构。中国乳业出口严重处于劣势地位，出口市场也较为单一化和集中化。而鲜奶的主要出口市场为中国香港和中国澳门，从表3-11中可以看出，中国香港的出口额历年占比均为90%以上，排名前五名的国家占比合计高达99.99%以上。而联合国贸易数据库显示2009年鲜奶出口的国家和地区只有中国香港、中国澳门和法国。从2009年至2018年鲜奶出口市场来看，市场结构趋向多元化发展，但集中度极高。从早年间的中国香港、中国澳门、法国到近年来的巴哈马、新加坡、朝鲜、摩洛哥等，同时包括德国、新西兰、澳大利亚等乳业发达国家，但所占比例极低，说明了中国乳业不断向全球化方向发展。

（2）奶粉出口市场结构。表3－12展示了中国奶粉排名前五名的出口市场以及占比情况。数据显示中国奶粉的出口市场集中在东南亚、西非和南美洲等地区国家，但这些地区国家所占比例不高，而中国香港从2013年至2018年排名始终位于第一，所占比从2009年的14.77%上升至2018年的45.95%，增幅为31.18%。除中国香港外，朝鲜也是我国奶粉的主要出口国，2018年朝鲜占比排名为第二，占比21.71%；其次是东南亚国家（如缅甸、泰国、菲律宾、马来西亚等），这说明我国奶粉在东南亚市场具有比较竞争优势，奶粉的出口市场结构与总体乳制品出口市场结构相似。

表3－11　　　　　中国鲜奶主要出口市场及占比情况　　　　　单位：%

	2009年		2012年		2015年		2018年	
	主要出口市场	占比	主要出口市场	占比	主要出口市场	占比	主要出口市场	占比
第一	中国香港	99.04	中国香港	93.28	中国香港	97.81	中国香港	96.43
第二	中国澳门	0.95	摩洛哥	3.1	中国澳门	1.2	巴哈马	1.22
第三	法国	0.01	新加坡	1.64	法国	0.24	中国澳门	1.09
第四	—	—	中国澳门	1.43	摩洛哥	0.29	新加坡	0.75
第五	—	—	韩国	0.54	新加坡	0.22	朝鲜	0.24
合计		100		99.99		99.78		99.73

数据来源：作者根据联合国贸易数据库计算整理。

表3－12　　　　　中国奶粉主要出口市场及占比情况　　　　　单位：%

年份	指标	第一	第二	第三	第四	第五	占比总和
2009	主要出口市场	委内瑞拉	尼日利亚	中国香港	缅甸	泰国	96.29
	占比	49.27	18.6	14.77	12.83	0.82	
2010	主要出口市场	中国香港	缅甸	新西兰	新加坡	尼日利亚	91.77
	占比	44.61	30.63	8.75	4.82	2.95	
2011	主要出口市场	尼日利亚	中国香港	缅甸	伊拉克	阿联酋	94.91
	占比	43.9	32.3	11.29	4.43	2.98	
2012	主要出口市场	中国香港	尼日利亚	缅甸	孟加拉国	新加坡	95.61
	占比	44.24	31.91	11.48	6.25	1.46	
2013	主要出口市场	中国香港	缅甸	尼日利亚	马来西亚	朝鲜	95.3
	占比	68.92	16.89	3.77	3.1	2.61	

续表

年份	指标	第一	第二	第三	第四	第五	占比总和
2014	主要出口市场	中国香港	马来西亚	缅甸	新加坡	巴基斯坦	73.92
	占比	26.57	19.36	9.75	9.28	8.96	
2015	主要出口市场	中国香港	缅甸	阿拉伯联合酋长国	土耳其	美国	79.45
	占比	42.59	20.82	8.47	3.85	3.72	
2016	主要出口市场	中国香港	缅甸	泰国	阿拉伯联合酋长国	朝鲜	97.06
	占比	77.06	10.59	2.91	2.19	2.01	
2017	主要出口市场	中国香港	缅甸	朝鲜	泰国	阿拉伯联合酋长国	95.21
	占比	67	13.34	7.13	5.09	2.64	
2018	主要出口市场	中国香港	朝鲜	缅甸	马来西亚	菲律宾	86.87
	占比	45.95	21.71	8.19	5.74	5.28	

数据来源：作者根据联合国贸易数据库计算整理。

第三节 "一带一路"沿线国家和地区乳业贸易现状

本小节主要涉及"一带一路"沿线国家和地区内部之间以及对外乳制品贸易，考虑数据的可获得性，本部分采用2009年至2018年联合国贸易数据库，"一带一路"沿线国家和地区的确定依据中国"一带一路"官网中发布最新国家信息，以"一带一路"沿线国家和地区为一个整体，对其乳制品贸易情况进行阐述。在产品分类方面，依据联合国统计署推荐商品编码，其中第四章分类中前六小节，即 HS0401（鲜奶）、HS0402（奶粉）、HS0403（酸乳）、HS0404（乳清）、HS0405（黄油）和 HS0406（乳酪）共六种商品展开研究。

一、"一带一路"区域划分

"一带一路"建设是一项长期复杂且具有变革性意义的倡议，对推动经贸合作、谋求健康发展、共建丝绸之路具有跨时代意义。随着"一带一路"倡议的提出和发展，各国对其关注度持续上身，因此"一带一路"沿线国家也不断变化，但大部分学者对其区域的划分仍然停留在65国时七大区域方法。为了保证本书的科学性、先进性和严谨性，在研究"一带一路"贸易时，选取"一带一路"专题网站[①]与中国签订共建合作文件的国家共136个，时间截至2019年8月底（见表3-13）。

表3-13　　　　　"一带一路"区域划分情况

区域划分	国家名称
非洲	苏丹、南非、塞内加尔、塞拉利昂、科特迪瓦、索马里、喀麦隆、南苏丹、塞舌尔、几内亚、加纳、赞比亚、莫桑比克、加蓬、纳米比亚、毛里塔尼亚、安哥拉、吉布提、埃塞俄比亚、肯尼亚、尼日利亚、乍得、刚果布、津巴布韦、阿尔及利亚、坦桑尼亚、布隆迪、佛得角、乌干达、冈比亚、多哥、卢旺达、摩洛哥、马达加斯加、突尼斯、利比亚、埃及、赤道几内亚、利比里亚、莱索托、科摩罗、贝宁、马里、尼日尔

---

① 资料来源：https://www.yidaiyilu.gov.cn/gbjg/gbgk/77073.htm。

续表

区域划分	国家名称
亚洲	韩国、蒙古国、新加坡、东帝汶、马来西亚、缅甸、柬埔寨、越南、老挝、文莱、巴基斯坦、斯里兰卡、孟加拉国、尼泊尔、马尔代夫、阿拉伯联合酋长国、科威特、土耳其、卡塔尔、阿曼、黎巴嫩、沙特阿拉伯、巴林、伊朗、伊拉克、阿富汗、阿塞拜疆、格鲁吉亚、亚美尼亚、哈萨克斯坦、吉尔吉斯斯坦、塔吉克斯坦、乌兹别克斯坦、泰国、印度尼西亚、菲律宾、也门
欧洲	塞浦路斯、俄罗斯、奥地利、希腊、波兰、塞尔维亚、捷克、保加利亚、斯洛伐克、阿尔巴尼亚、克罗地亚、波黑、黑山、爱沙尼亚、立陶宛、斯洛文尼亚、匈牙利、马其顿、罗马尼亚、拉脱维亚、乌克兰、白俄罗斯、摩尔多瓦、马耳他、葡萄牙、意大利、卢森堡
大洋洲	新西兰、萨摩亚、纽埃、斐济、库克群岛、汤加、瓦努阿图、所罗门群岛、基里巴斯
南美洲	智利、圭亚那、玻利维亚、乌拉圭、委内瑞拉、苏里南、厄瓜多尔、秘鲁
北美洲	哥斯达黎加、巴拿马、萨尔瓦多、多米尼加、特立尼达和多巴哥、安提瓜和巴布达、多米尼克、格林纳达、巴巴多斯、古巴、牙买加

二、"一带一路"沿线国家和地区乳业贸易规模情况

1. "一带一路"沿线国家和地区乳制品进口保持稳定

总体来看,"一带一路"沿线国家和地区乳制品进口规模稳中有升,其规模将近世界进口规模的一半,其市场潜力巨大,具有重要的研究意义。

从进口量方面来看,"一带一路"沿线国家和地区乳制品进口量波动平缓。2009 年"一带一路"沿线国家和地区进口量为 1084.84 万吨,2018 年进口量为 1225.2 万吨,从 2009 年到 2018 年经历了三个峰值,分别为 2013 年、2015 年和 2017 年,峰值间距较小且相差不大。同时,2009 年到 2018 年"一带一路"沿线国家和地区进口量占世界总进口量的比例维持在 38.31% ~ 48.16%,相差不到 10%,说明"一带一路"沿线国家和地区乳制品进口量保持稳定平衡(见表 3 - 14)。

从进口额方面来看,"一带一路"沿线国家和地区乳制品进口额比进口量相对波动剧烈,这可能是由于两国或多国之间汇率变化导致价格的波动。由于乳制品刚性需求,因而乳制品进口量变动较小,但进口额占世界总进口额的比例之差保持在 6.18% 之内。

表 3-14 "一带一路"沿线国家和地区及世界乳制品进口情况

单位：万吨，亿美元，%

年份	"一带一路"沿线国家和地区		世界		占比	
	进口量	进口额	进口量	进口额	进口量	进口额
2009	1084.84	1945.63	2252.37	4541.90	48.16	42.84
2010	1361.56	2465.16	2998.27	6045.99	45.41	40.77
2011	1254.34	3065.59	3017.89	7374.15	41.56	41.57
2012	1290.75	2927.14	3090.71	7083.37	41.76	41.32
2013	1369.94	3378.62	3252.07	8188.84	42.13	41.26
2014	1414.13	3557.76	3385.19	8713.67	41.77	40.83
2015	1344.88	2552.87	2896.40	5923.11	46.43	43.10
2016	1296.05	2423.12	3302.92	6361.71	39.24	38.09
2017	1300.65	2759.46	3395.05	7449.49	38.31	37.04
2018	1225.20	2504.54	3308.22	7588.00	37.04	33.01

数据来源：联合国贸易数据库，选取商品编码为 HS0401（鲜奶）、HS0402（奶粉）、HS0403（酸乳）、HS0404（乳清）、HS0405（黄油）和 HS0406（乳酪）六种商品的贸易总和。

2. "一带一路"沿线国家和地区乳制品出口稳步上升

与进口相比，"一带一路"国家和地区出口规模处于比较劣势竞争状态。2009 年"一带一路"沿线国家和地区出口量和出口额分别为 852.7 万吨和 1631.35 亿美元，2018 年出口量和出口额分别为 1136.23 万吨和 2784.94 亿美元，增幅分别为 33.25% 和 70.71%，很大部分是世界乳制品整体贸易需求带动了"一带一路"沿线国家和地区出口。从 2009 年到 2018 年，"一带一路"沿线国家和地区乳制品出口量呈倒"V"形的发展趋势，2014 年达到峰值，但起伏不大，与世界乳制品出口量变动一致。出口额与出口量的变动方向一致，但是 2017 年由于饲料价格上涨，导致原料奶成本升高，在出口量减少的情况下，出口额反而升高。另外，出口量和出口额在世界乳制品出口量和出口额中的比重波动也较为平缓，波动幅度不超过 11%（见表 3-15）。

表 3-15 "一带一路"沿线国家和地区及世界乳制品出口情况

单位：万吨，亿美元，%

年份	"一带一路"沿线国家		世界		比例	
	出口量	出口额	出口量	出口额	出口量	出口额
2009	852.70	1631.35	2265.96	4487.48	37.63	36.35
2010	914.86	2122.57	2976.37	6374.09	30.74	33.30
2011	997.84	2819.47	3183.77	7899.97	31.34	35.69
2012	1088.01	2631.90	3300.40	7380.38	32.97	35.66
2013	1170.53	3017.02	3418.02	8562.21	34.25	35.24
2014	1237.82	3188.38	3531.15	8932.40	35.05	35.69
2015	1215.49	2350.26	2918.40	5849.73	41.65	40.18
2016	1190.04	2339.23	3483.36	6538.81	34.16	35.77
2017	1059.47	2767.74	3283.46	7743.66	32.27	35.74
2018	1136.23	2784.94	3369.98	7943.98	33.72	35.06

数据来源：联合国贸易数据库，选取商品编码为 HS0401（鲜奶）、HS0402（奶粉）、HS0403（酸乳）、HS0404（乳清）、HS0405（黄油）和 HS0406（乳酪）六种商品的贸易总和。

三、"一带一路"沿线国家和地区乳业贸易产品结构特征

1. 产品进口贸易结构平稳

"一带一路"沿线国家和地区乳制品贸易以鲜奶和奶粉为主。其中鲜奶的进口量在所有乳制品进口量中一直处于高位，至 2013 年最高点，达到 502.22 万吨，增幅为 25.23%，至 2017 年略微下降至 423.29 万吨，2018 年有所回升。而奶粉的进口量在 2010 年达到峰值，且与鲜奶进口量近乎持平，2011 年迅速下降，至 2016 年波动平缓，2017 年又一次达到峰值。另外，酸乳、乳清和黄油的进口量相近，均不超过 130 万吨，而乳酪进口量略微高于三者，处于中间位置，且四种乳制品进口量变动方向一致。

2009 年和 2018 年的乳制品进口贸易结构对比图明确表明了近十年的发展对乳制品进口产品结构未产生影响，各种乳制品进口量占"一带一

路"沿线国家和地区总进口量的比例几乎保持不变,鲜奶的进口量占比依旧处于首位,维持在 37 个百分点左右。

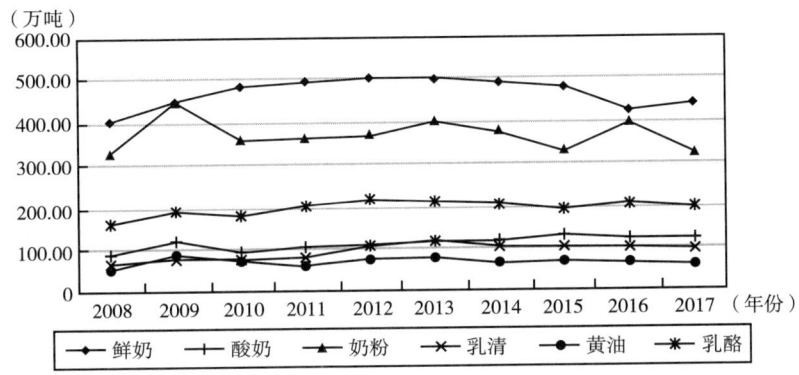

图 3-11 "一带一路"沿线国家和地区各乳制品进口量

数据来源:联合国贸易数据库。

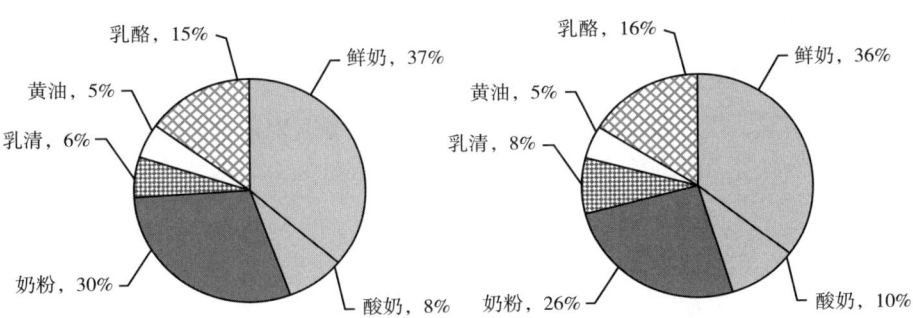

图 3-12 "一带一路"沿线国家和地区 2009 年(左)和
2018 年(右)乳制品进口产品结构对比

数据来源:联合国贸易数据库计算整理。

2. 产品出口贸易结构稳定

在乳制品出口贸易中,鲜奶和奶粉的出口量持续上升。2009 年、2017 年和 2018 年鲜奶和奶粉的出口量几乎持平。在发展过程中,两种乳制品的变动趋势一致,但鲜奶的出口量略微高于奶粉出口量。从 2009 年到 2018 年,酸乳和乳清出口量稳中有升,涨幅分别为 66.57% 和 68.88%。与 2009 年相比,2018 年黄油和乳酪的出口量基本持平(见图 3-13)。另外,从各类乳制品出口量占总出口量的比重来看,鲜奶和奶粉在乳制品出口贸易中占主要地位,虽然鲜奶和奶粉的出口量稳步上升,但在总出口量中比重基本保持不变,但是乳酪占总出口量的比重持续下滑,说明随着人们膳食结构的改变,本地居民对乳酪的消费量相对上升,在一定程度上降低了乳酪的出口量比重。

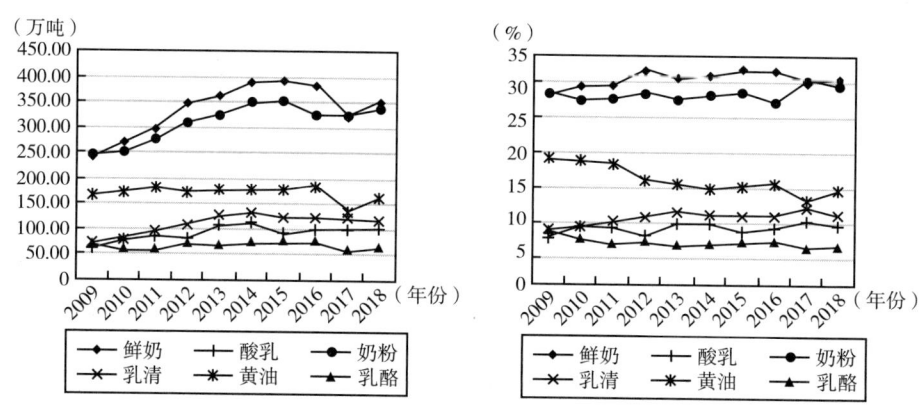

图 3-13 "一带一路"沿线国家和地区各乳制品出口量(左)和各乳制品出口量占总进口量比重(右)

数据来源:联合国贸易数据库。

第四节　本章小结

本章采用联合国贸易数据库数据对 1998 年至 2017 年世界乳业贸易的特征进行梳理，对其总体规模、产品结构和市场结构分别展开分析。研究发现：世界乳业贸易总体规模向上发展，产品结构稳定，以干乳制品为主，其中又以乳酪和奶粉作为主要贸易品；市场结构集中，主要集中在欧盟和大洋洲等，欧盟内部交易居多，中国与新西兰联系紧密。第二节采用中国奶业协会 2009 年至 2018 年数据，从贸易的总体规模、市场结构、产品结构三个方面分析中国乳业贸易结构特征，采用联合国贸易数据库第四章并以"一带一路"沿线国家和地区作为一个整体分析乳制品贸易的总体规模和产品结构特征。研究发现，在乳制品贸易总体规模方面，"一带一路"沿线国家和地区与中国乳制品进出口规模总体上均呈现上升趋势，其中从整体来看其乳制品贸易进出口规模相对稳定。在乳制品产品结构方面，中国进口乳制品以干乳制品为主，主要包括乳清和奶粉，鲜奶占总进口额的比例排名逐年上升，而出口主要以鲜奶为主；而"一带一路"沿线国家和地区进出口乳制品主要以鲜奶为主，其次为奶粉，乳酪在总进口额占比排名为第三位；乳制品出口结构和进口结构相似。在乳制品贸易市场结构方面，中国乳制品进口国际集中在大洋洲、北美洲和欧盟等，主要为乳制品发达国家，但是不同乳制品的进口来源国不同，如依据 2018 年乳清的进口来源国排名前三位的分别为美国、法国和荷兰，而奶粉的进口来源国排名前三位分别为新西兰、澳大利亚和美国，液态奶的进口来源国排名前三的分别为新西兰、法国和德国。而中国主要乳制品出口国集中在东南亚、西非（如新加坡、菲律宾、尼日利亚等）。

第四章

中国乳业贸易国际竞争力测度分析

第四章 中国乳业贸易国际竞争力测度分析

通过第三章统计分析，采用进出口额和进出口量探索目前世界以及中国乳业的进出口规模，中国乳业贸易的产品结构、市场结构等。同时，以"一带一路"沿线国家和地区为一个整体研究其贸易格局，分析了"一带一路"沿线国家和地区的贸易规模以及产品结构。而本章在以上研究的基础上进一步分析中国乳业贸易的国际竞争力，通过探讨中国乳业的供给与需求说明中国乳业整体发展水平，进而测算乳业的市场占有率、显示性比较优势指数以及产业贸易竞争力指数具体说明中国乳业贸易的整体竞争力问题情况；利用钻石模型进一步说明影响乳业国际竞争力的影响因素，最后总结中国乳业贸易存在的问题。

第一节 中国乳业的生产与需求

一、中国乳业生产水平

根据中国奶业年鉴提供数据显示，1999 年至 2017 年，中国牛奶产量和奶牛存栏量总体上呈现上升水平。从图 4－1 可以看出，中国奶牛产量和存栏量在 2004 年出现明显上升。近年来，中国牛奶产量和奶牛存栏量波动平缓说明中国奶业已经处于平稳发展状态。中国 2017 年牛奶产量为

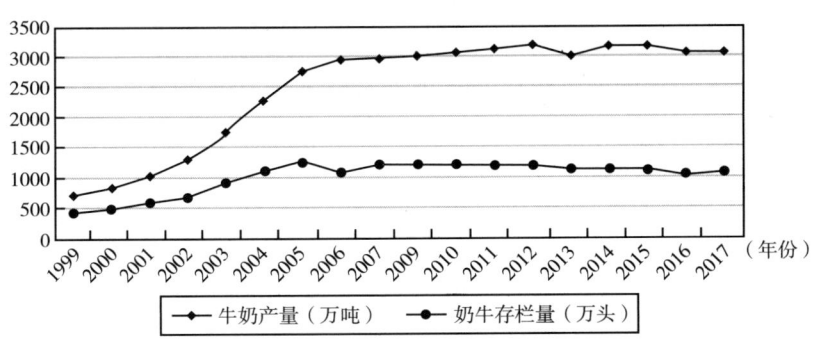

图 4－1 中国乳业生产情况

3074.6万吨，位居世界第六，占2017年世界总产量的4.66%，较2016年下降了0.83%，但是比1999年增加3倍之多。从表4-1可以发现，我国人均牛奶产量高速增长，由1980年的每人1.2千克稳定在每人23.2千克，尤其是2003年以来，牛奶产量和人均牛奶产量上升速度加快，2006年之后呈现缓慢增加趋势，其后稳定在每人21.1~23.2千克，也说明我国近年来奶业发展稳定。

表4-1　　　　　　　1980年至2017年我国人均牛奶产量

年份	牛奶（千克）	年份	牛奶（千克）
1980	1.2	2009	22.5
1985	2.4	2010	22.7
1990	3.7	2011	23.1
1995	4.8	2012	23.5
2000	6.6	2013	22.2
2005	21.1	2014	23.2
2006	22.5	2015	23.2
2007	22.4	2016	22.2
2008	22.7	2017	21.9

数据来源：《中国奶业年鉴2018》。

从2017年全国各地区的牛奶产量来看，我国牛奶产量呈现区域不平衡特征。由图4-2可以发现，河北、内蒙古和黑龙江牛奶产量位居全国前三，而山东、河南、宁夏和新疆的牛奶产量次之。而湖南、广东、广西、海南、重庆的牛奶产量极低，严重缺乏比较生产优势，这些大部分地区集中在南方地区。这是由各地区的自然资源因素决定的，南方夏季雨水多，地形多为山地、丘陵等。这些因素限制了我国奶牛养殖业的发展，也决定了我国牛奶产量的区域布局不平衡格局，根据供给需求理论，产量区域的不平衡自然对消费区域布局产生失衡效应。另外，产量区域的不平衡也带来了新兴产业（即冷链物流）。为了避免某一区域产量过剩造成的倒奶现象，由于乳制品质量安全的特殊要求，因而对物流运输方面具有严格的规定和监控。而我国在冷链物流的研究还处于初期。

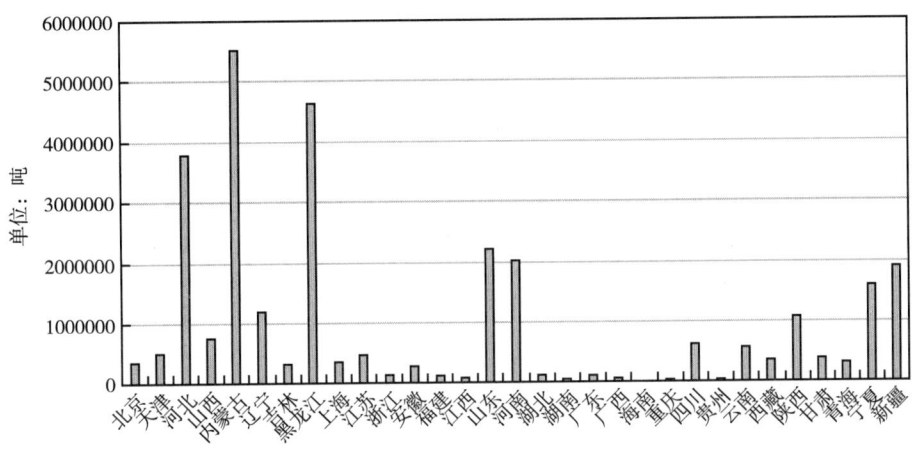

图 4-2 2017 年全国各地区牛奶产量

从图 4-3 可知，中国乳制品产量在逐年上升，其中乳制品产量和液态奶产量变化同升同降。随着人们生活水平的提升，中国液态奶的需求量逐渐提升。然而，由于中国牛奶产量和需求量的不平衡，中国干乳制品产量始终不高；同时因为三聚氰胺事件的发生使中国干乳制品缺乏竞争优势，产量下降。2018 年我国干乳制品产量为 243.4 万吨，占总乳制品产量的 6.75%，2009 年下降了 33.21%。而液态奶的产量逐渐上升，从 2009 年的 124.57 万吨上升至 2018 年的 2505.6 万吨，提升了 19 倍。在乳制品的产量中所占比重也逐渐增多，且几年来占比趋于平稳，处于 90% 左右。

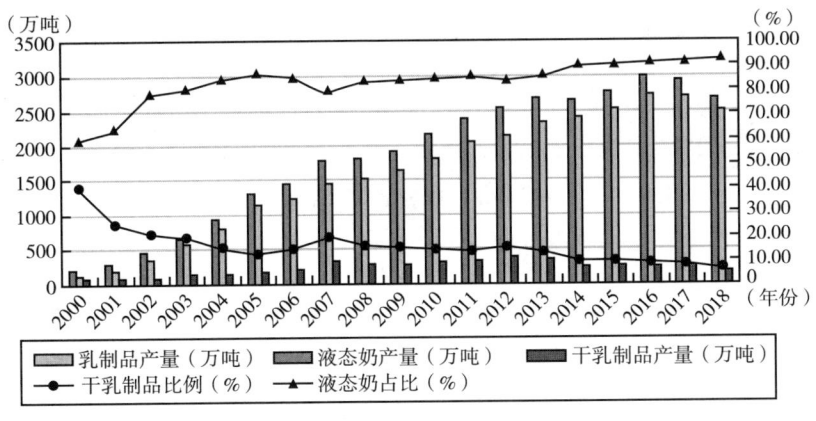

图 4-3 中国乳制品生产情况

二、中国乳业消费水平

从总体的奶类消费量来看，全国居民奶类人均消费量与城镇居民的鲜奶人均消费量变动一致，且城镇居民的鲜奶人均消费量大于全国的奶类人均消费量，同时农村的乳制品人均消费量远远低于全国和城镇居民的人均消费量水平。从消费趋势来看，农村居民的人均消费量在逐渐提升，与1995年的每人0.6千克提升至2017年的每人6.9千克，增幅为10.5倍。这体现了中国农村居民在乳制品方面拥有的具有巨大市场需求潜力，也说明居住环境以及教育水平等情况是影响乳制品消费的主要影响因素之一。从1995年至2003年，城镇居民的鲜乳品人均消费量呈现陡峭上升趋势，说明城镇居民逐渐认识到乳制品在食品营养中的重要性，对其需求量逐渐增加。之后，略有下降，下降至2011年的每人13.7千克。近年来，全国居民的奶类人均消费量和城镇居民鲜乳品的人均消费量趋于平稳，分别平稳至每人12.1千克左右和每人17.06千克。

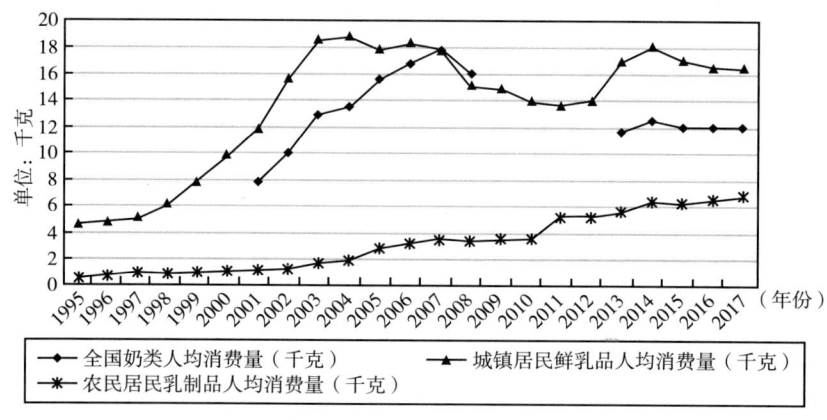

图4-4 中国城镇、农村居民乳制品人均消费量

数据来源：历年《中国奶业年鉴》。

从全国各地区的消费量情况来看，我国乳制品消费地域结构不平衡。2017年全国居民家庭人均奶类消费量为每人12.1千克，城镇居民家庭人均奶类消费量为每人16.5千克，农村居民家庭人均消费量为每人6.9千克。从全国居民家庭人均消费量方面考虑，全国有17个省市的人均消费量

高于或等于全国平均消费量。其中：内蒙古最高，为每人22.7千克；北京和西藏人均消费量相当，为每人22.5千克；而海南的人均消费量最小，为每人4.2千克。从区域构成来看，消费量与产量相对应，产量低的地区家庭人均消费量也相对较低，南方的人均消费量较低（如广东、广西、海南、贵州、云南等），而经济发达地区或牛奶产量高的西北地区人均消费量也相对较高（如新疆、西藏、上海、北京等）。同时，从图4-5各地区的人均消费量也可以看出，其城镇比农村的消费量高，农村的消费量拉低了全国乳制品消费水平。

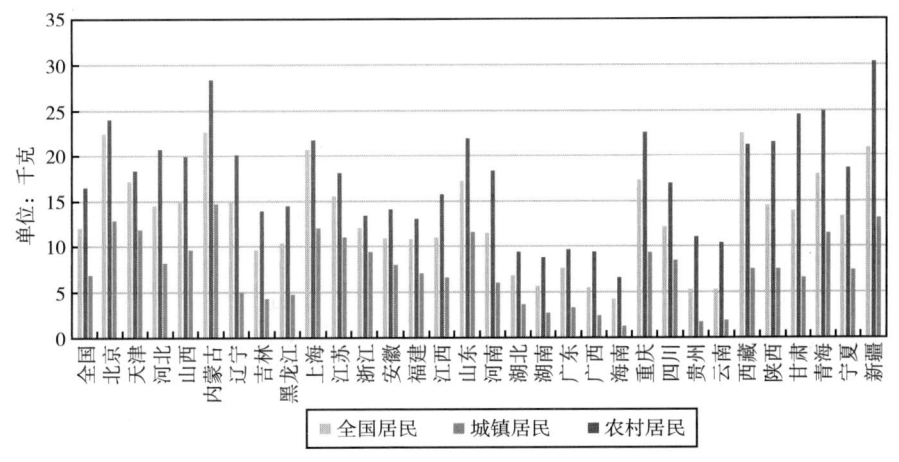

图4-5 2017年各地区居民家庭人均奶类消费量

数据来源：《中国奶业年鉴2018》。

从产品的构成来看，中国乳制品消费产品比较单一。从表4-2可以看出，中国居民的主要消费品为液态奶，其中包括鲜奶和酸奶。2017年液态奶的总消费量为2798.2万吨，人均消费量为20.3千克，接近于2017年我国人均牛奶产量，远远高于奶类的平均水平（每人12.1千克）。黄油和奶酪的人均消费量0.1为千克，与液态奶人均消费量相差甚远，拉低了乳制品整体的消费量。作为乳制品中的"黄金"奶酪，应科学的培养居民对奶酪的消费观念。国内乳业的发展状况决定了消费者对乳制品的需求态度。国内消费者对液态奶的需求是饮食习惯使然，并没有认识到乳制品在饮食营养中的重要性。国内消费者的认识水平和专业科研人员的缺失阻碍了国内乳业的进一步发展。

表 4-2 中国乳制品消费量及人均消费量

	消费量（万吨）			人均消费量（千克）		
	2015 年	2016 年	2017 年	2015 年	2016 年	2017 年
液态奶	2567.0	2798.2	2798.2	18.7	20.3	20.3
黄油	12.5	15.0	15.0	0.1	0.1	0.1
奶酪	7.5	10.0	10.0	0.1	0.1	0.1

数据来源：《中国奶业统计摘要 2019》。

第二节 中国乳业贸易竞争力评价指数

一、国际市场占有率

国际市场占有率（即出口市场占有率），是指一国或地区出口总额占世界出口总额的比重，反映了一国或地区某产业的国际竞争力变化，比例提高说明该国该产业的出口竞争力增强，一种产品在国际市场的占有率，反映了该产品所处产业的国际竞争力大小。具体公式如下：

$$\text{IMS} = X_{ij} \div X_{wj} \tag{4-1}$$

其中，X_{ij}为i国或地区的j产品的出口总额，X_{wj}为世界市场上j产品的出口总额。本书中X_{ij}为不同乳制品的出口总额，X_{wj}为不同乳制品的世界出口总额。IMS值越高，表示该产品所处的产业所具有的国际竞争力越强；反之，则越弱。

表4-3对比了中国与部分国家的市场占有率。横向来看，中国与新西兰、澳大利亚、美国、法国、德国的乳业市场占有率相差甚远，早期对比发现中国与印度的市场占有率相当，但近年来印度的市场占有率远超过中国。通过对比几大主要市场国家发现，德国的国际市场占有率平均值为13.158%，为最高值；其次为新西兰，平均国际市场占有率为12.525%。纵向来看，10年间中国乳业市场占有率呈现波动式下降趋势，2018年中国乳业市场占有率为0.071%，比2009年下降了0.038%，在2012年乳业市场占有率达到最高值为0.112%。澳大利亚、法国和德国的乳业市场占有率相对下降，2018年乳业市场占有率分别为2.258%、8.664%和12.136%，分别下降了0.888%、3.206%和2.795%。而印度、新西兰和美国具有不同程度的上升，上升幅度分别为0.193%、2.769%和1.933%。从纵向来看，中国从2009年至2018年，乳业国际市场占有率总体呈不断下降态势，说明中国的乳业竞争力表现下降。

表4-3　　　　　　　　　部分国家市场占有率　　　　　　　单位:%

年份	澳大利亚	中国	法国	德国	印度	新西兰	美国
2009	3.146	0.109	11.871	14.931	0.170	9.610	3.053
2010	3.089	0.069	10.683	13.924	0.182	11.715	4.494
2011	2.893	0.104	10.387	13.618	0.099	15.566	4.824
2012	3.002	0.112	10.144	13.052	0.213	12.535	5.078
2013	2.572	0.067	9.420	13.140	0.672	12.856	6.003
2014	2.563	0.084	9.558	12.999	0.349	13.510	6.207
2015	2.661	0.067	9.903	12.619	0.181	12.074	5.702
2016	2.489	0.072	9.634	12.357	0.200	11.906	5.135
2017	2.337	0.063	8.995	12.802	0.213	13.098	5.125
2018	2.258	0.071	8.664	12.136	0.363	12.379	4.986

数据来源:联合国贸易数据库。

二、显示性比较优势指数

显示性比较优势指数(Index of Revealed Comparative Advantage,RCA)是由美国经济学家巴拉萨于1965年提出,用于衡量一个国家或地区某种产品占其出口总值的比重与世界该类产品占世界总出口总值的比重两者之间的比率。

$$RCA_{ij} = (X_{ij} \div X_{it}) \div (X_{wj} \div X_{wt}) \quad (4-2)$$

其中,X_{ij}为i国或地区j产品对世界的总出口额;X_{it}为i国或地区在t时期对世界市场的总出口额;X_{wj}为世界市场上j产品的总出口额;X_{wt}为世界市场在t时期的产品的总出口额。若RCA大于1,则说明该国此产品的出口具有显性比较优势,否则不具有显示比较优势。按照日本贸易振兴会提出的标准,RCA≥2.5,该产品具有极强的竞争力;1.25≤RCA≤2.5,该产品具有较强的国际竞争力;0.8≤RCA≤1.25,该产品具有中度的国际竞争力;RCA<0.8,该产品国际竞争力较弱,处于比较劣势。

整体来看,中国显示性比较优势指数呈现上升趋势。从图4-6可以看出,虽然我国的显示性比较优势指数是呈现上升状态,但是指数值极低。

说明中国乳业不具有出口比较优势,虽然2018年中国乳业显示性比较优势达到最高值,但其显示性比较优势指数值也远远小于0.8。因此,中国应该在提高自身竞争力的同时,探求更加适合中国乳业发展的进口来源国,使进口市场多元化。同时,培养中国国内市场乳制品消费结构,促进进口产品的多样化,促进中国乳制品贸易健康发展。

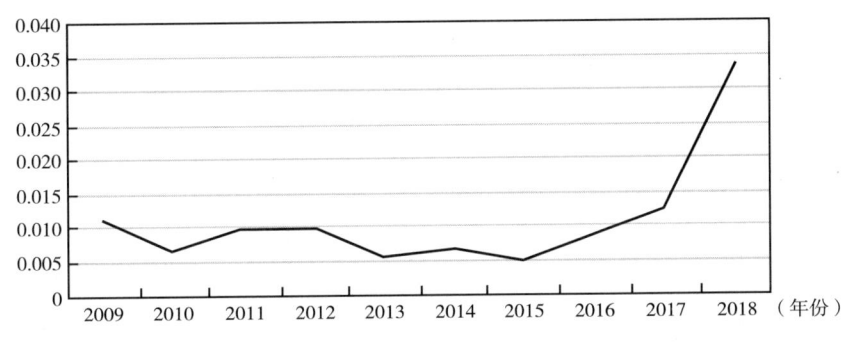

图4-6 中国乳业显示性比较优势指数

数据来源:联合国贸易数据库。

三、产业贸易竞争力指数

产业贸易指数,用于衡量贸易国或地区在同一产业内进出口同类产品的程度。

$$IIT = 1 - |(X_{ij} - M_{ij}) \div (X_{ij} + M_{ij})| \qquad (4-3)$$

其中,X_{ij}为i国家或地区第j种产品的出口额;M_{ij}为i国家或地区第j种产品的进口额。产业贸易指数的取值范围为0~1,IIT值在0~0.5之间时,表明该产品的贸易以产业间贸易为主;当IIT=0时,表明产品全部是产业间贸易,没有产业内贸易;IIT取值在0.5~1时,表明该产品以产业内贸易为主;IIT=1时,表明该产品全部是产业内贸易。IIT值越大说明产业内贸易程度越高。

表4-4展示了中国与部分国家之间的贸易竞争力指数。中国、新西兰和澳大利亚的乳业贸易竞争力指数处于0~0.5,表明这三个国家乳业贸易以产业间贸易为主,这也与第三章中国乳业贸易的发展现状相符,其中中

国以进口为主，新西兰和澳大利亚以出口为主。但是，澳大利亚在2015年开始贸易竞争力指数大约0.5，说明此时澳大利亚主要以产业内贸易为主，其中出口与进口相当。而德国、法国和美国的贸易竞争力指数处于0.5~1，说明该三国主要以产业内贸易为主。从2018年情况来看，德国的指数最高，说明德国乳业产业内贸易程度较高，法国也略有提升，而美国与2009年相比具有一定程度的下降。另外，印度的乳业贸易竞争力指数从2013年开始急速下降，2015年略有上升，但是2018年又降至0.187，表明印度的乳业贸易不稳定、易受外部影响。纵向来看，中国和新西兰的乳业贸易竞争力指数较低，但相对稳定。

表4-4　　　　　　　　部分国家乳业贸易竞争力指数

年份	中国	新西兰	澳大利亚	德国	法国	美国	印度
2009	0.105	0.031	0.396	0.839	0.650	0.944	0.832
2010	0.044	0.023	0.459	0.819	0.649	0.664	0.771
2011	0.059	0.021	0.448	0.823	0.654	0.600	0.597
2012	0.050	0.030	0.430	0.808	0.634	0.620	0.783
2013	0.022	0.028	0.457	0.789	0.675	0.505	0.113
2014	0.023	0.028	0.484	0.799	0.673	0.518	0.263
2015	0.028	0.043	0.541	0.841	0.658	0.689	0.541
2016	0.028	0.034	0.624	0.865	0.679	0.738	0.473
2017	0.020	0.031	0.711	0.877	0.754	0.665	0.408
2018	0.021	0.038	0.716	0.878	0.782	0.691	0.187

数据来源：联合国贸易数据库。

图4-7列出了中国乳制品和鲜奶的产业竞争力指数，发现两条曲线逐渐下降且逐渐相交。2009年，鲜奶的产业贸易指数为0.8，乳制品的产业贸易指数为0.1，相差巨大。这说明早期中国鲜奶产业内贸易程度较高，进口和出口的贸易程度相当。但随着国内对鲜奶的需求量提升，国内鲜奶出口下降，鲜奶主要以产业间贸易为主。而乳制品的产业贸易竞争力指数始终极低，围绕在0.01~0.1。

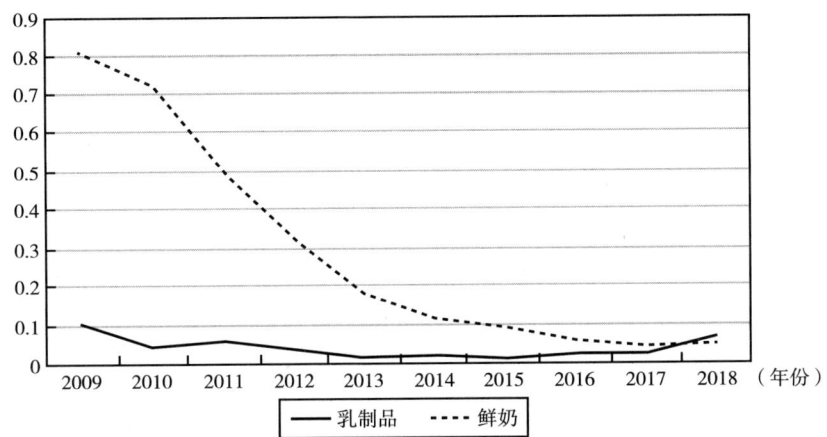

图 4-7 中国乳制品和鲜奶的产业贸易竞争力指数

数据来源：联合国贸易数据库。

第三节 中国乳业贸易竞争力的影响因素

波特的钻石模型不仅解释了一国某一产业国际竞争的影响因素，在国际贸易和国际投资方面也提供了理论支撑，本部分基于波特钻石模型从理论上出发，从竞争力视角，分析中国乳制品贸易的影响因素。竞争力是影响一国产业在国际具有核心地位的重要指标，也是国际分工和贸易关系产生的直接原因，因此影响产业竞争力的因素间接影响贸易关系。本部分从产业竞争力的视角分析影响乳制品贸易的主要因素。

一、乳业生产要素

生产要素被波特称为"互通有无的根本"，其包括初级生产要素和高级生产要素，初级生产要素包括天然资源、气候、地理位置、非技术人工和半技术人工、资本等；高级生产要素包括现代化通信的基础设施、高等教育人力以及各大学研究所等。劳动、土地、天然资源、资本与基础设施等都是乳业中上游的竞争条件，也是贸易产生的基础。由于乳业发达国家的地理位置、气候和天然资源等占绝对优势，因此生鲜乳成本较低，进而决定了乳企的利润空间。在生产和贸易处于完全竞争市场状态时，为了提升利润空间，中国乳制品企业会自动倾向国外可做原料的乳制品，这种现状的持续发展促使中国乳制品进口逐年递增。

1. 自然资源

资源禀赋是奶业强竞争力的主要决定因素之一，新西兰、澳大利亚和美国以及欧盟等利用丰富的自然资源降低成本，同时原料奶质量亦优于中国。近年来，中国总体水资源下降，根据国家统计局数据资料显示，2016年中国总体水资源为32466.4亿立方米，2018年水资源为27462.5亿立方米，跌幅为15.41%。另外，水资源分布与中国奶牛养殖业分布结构不平衡。中国水资源集中分布在黑龙江、西藏以及部分南方城市（包括湖南、广东、广西、江西、四川和云南）。而中国奶牛存栏集中在河北、内蒙古、黑龙江、山东和新疆等，这些地区主要特点之一是牧草资源丰富，其中2017年内蒙古、新疆、黑龙江草地资源分别占全国草地总资源的22.58%、16.29%和0.5%，由于近年来京津冀一体化发展政策和环保政策的共同指引，京津两地奶牛养殖大量迁移导致河北存栏大量增加。而乳业发达国家普遍属于家庭牧场，充分将草地资源、水资源等有效融合，达到经济和质量的双赢可持续发展。因此中国在奶牛养殖方面相比乳业发达国家缺乏先天地理优势。

虽然中国通过高级的生产要素来调节生鲜乳生产成本，但在奶牛养殖环节中饲料成本依然占主要部分，而中国奶牛养殖饲料主要进口国为美国或者巴西等国家，大幅提升了公斤奶成本。同时，中国通过科技手段规模化、标准化、机械化养殖，其饲养设施成本也随之增加。因此，成本因素仍是乳制品贸易产生的主要原因，与之相关的人工成本、饲料价格、饲养设施等成本间接的影响着中国乳制品贸易。

2. 品种资源

中国一直致力于对育种研发的相关研究，同时取得了喜人的成绩。例如，攻克了胚胎生物的技术难题，解决了从传统AI育种体系向现代奶牛MOET育种体系升级的关键技术瓶颈，建立了中国奶牛数据处理中心、四大奶牛陪她工程中心，每年可以生产移植奶牛优质胚胎3万枚。但是中国奶牛改良种用牛进口依然居于高位。中国奶牛品种主要为荷斯坦奶牛，主要来源依靠进口，其主要进口来源国与乳制品进口来源国一致，为澳大利亚和新西兰。表4-5主要列出了中国同新西兰和澳大利亚2012年至2018年全国改良种用牛进口量情况。总体来看，近年来全国改良种用牛总进口量呈先升后降的发展趋势。2012年全国进口改良种用牛124291头，2014年升至215405头，随后直线下降至2018年的40951头。虽然进口量有下降的趋势，但是其进口基数依然很高。同时，从表4-5可以发现，历年来从澳大利亚的进口量占全国总量的比例始终接近一半。

表 4-5　　　　　　　2012 年至 2018 年改良种用牛进口量　　　　　　单位：头

年份	2012	2013	2014	2015	2016	2017	2018
中国	124291	102243	215405	153309	133177	79410	40951
澳大利亚	61145	66950	101821	102876	95516	42316	29882
新西兰	35643	31271	79775	23819	37661	27166	11069

数据来源：《2019 中国奶业统计摘要》。

3. 人力资本

目前，乳业已经是中国的"朝阳产业"，若进一步发展需要更加成熟的劳动力，不仅是在简单的从事初级生产的劳动力，更需要那些受过高等教育、具有专业知识的高级人才；这样能够降低生产成本，升级企业内部经营管理结构。但目前从各方面表现来看中国乳业的人才储备还不能支撑乳业振兴。第一，经过多年发展，国内畜牧养殖技术人员虽然增多，但在二三线城市从事人员并不多，虽然在北京这种大城市已经不缺少专业技术人才，但是劣势区域依然不足、资源不能够被合理利用。第二，从乳制品种类单一性说明缺少专业的研发团队。这与中国乳业发展起点较晚相关。第三，目前大型乳制品企业虽然不缺少各类的专业人才，但是集产品研发、品牌策划和销售能力等复合型人才还是匮乏。

4. 资金和基础设施建设

资金是否充裕是制约中国乳业发展的至关重要的因素。行业若要长远的进步，就必须有更多的资金投入。只有这样做，才能在技术上有所突破，在规模上进一步的扩大，而且人才的培养、储备也需要更多的资金投入。此外，中国乳业的基础设施（尤其是奶源基地的建设）缺少技术支撑体系。国内很多的乳制品生产企业规模小、设备简陋、技术落后、产品质量得不到保证。

就目前的情况来看，中国乳业生产要素无论是初级生要素还是高级生产要素都还存在很大的发展空间。尽管在很多方面还没有形成自己的竞争优势，但是随着问题暴露我们已经在逐渐改革。中国乳业生产要素的发展前景大好。

二、乳制品消费市场需求情况

波特在《国家竞争优势》中指出，需求条件是产业冲刺的动力。产业需求从国内市场和国际市场两个层面共同反应，国际需求的程度可以最直接地反映出该产业的国际市场竞争力，而反映该产品国际需求的指标主要还是国际市场占有率。食品的需求条件主要是指产品的质量和安全。如果出口产品的质量较高，那么该产品的市场需求量将会增加，市场竞争力增强；反之，如果该国的出口产品质量较差，那么该产品的市场需求量将会下降，从而市场竞争力削弱。国内市场对某一产业国际竞争力的影响是这样的：需求差异致使国内市场需求出现多元化。这有助于企业形成更加有效的竞争策略，并充分发挥规模经济效益。

表4-6展示了2015年至2017年中国与部分乳业发达国家的液态奶消费量和人均消费量情况。从消费总量方面来看，近年来中国液态奶消费量略有上升，德国和爱尔兰略有下降，其他国家均有不同程度上升；中国液态奶总消费量业高于乳业发达国家。但是从人均消费量来看，中国液态奶人均消费量远远低于其他国家。由于人口基数的因素，虽然中国液态奶的消费总量高于大洋洲（新西兰、澳大利亚）、部分欧盟国家和北美洲国家（主要是指美国），但与人口数量相当的印度相比（根据世界银行人口数据两国人口均为13亿余人），中国液态奶消费量总量低于其一倍，中国人均消费量相当于印度人均消费量的一半；与新西兰、澳大利亚、英国、爱尔兰相差甚远。按照发达国家的人均消费量来计算，中国液态奶的市场需求潜力巨大。

表4-6　2015年至2017年中国与部分国家液态奶消费量和人均消费量

单位：千克

国家	消费量			人均消费量		
	2015年	2016年	2017年	2015年	2016年	2017年
中国	2567.0	2798.2	2798.2	18.7	20.3	20.3
澳大利亚	252.0	250.5	252.8	105.9	103.8	103.4
新西兰	49.7	49.7	50.0	107.7	106.6	106.3
印度	5975.0	6275.0	6520.0	45.6	47.4	48.7

续表

国家	消费量			人均消费量		
	2015 年	2016 年	2017 年	2015 年	2016 年	2017 年
德国	437.4	440.4	438.5	53.5	53.8	53.4
美国	2243.7	2229.0	2180.0	70.1	69.2	67.2
英国	686.9	670.7	692.5	105.0	102.0	104.6
爱尔兰	57.5	59.1	58.7	122.4	125.0	123.3

数据来源：《中国奶业年鉴》。

通过前面分析可以知道，中国目前乳制品的消费水平还比较低，但未来几年内中国乳制品的消费市场潜力却是巨大的。首先，现阶段中国人均奶消费量很低，与国外发达国家相比还有很大的增长空间；其次，人们对于健康饮食越来越重视，传统的消费习惯会被改变；最后，随着中国国民经济的发展，居民收入不断增加，对乳制品的需求也会相对增加，家庭食品支出食品结构调整，乳制品所占比重也会相对增加。

三、质量安全

食品质量安全是一直备受关注的热点话题，也是国泰民安和产业健康持续发展的基本保障。质量安全是从品质安全和数量安全两方面来进行定义，数量安全是保障消费者的基本生活需求，品质安全是数量安全的前提。对于中国的乳业的供求关系，本书在质量安全方面特质品质安全。

乳制品及作为其中间产品的原料奶都具有经济学中的"信任品"特征，即通过肉眼或者口感分辨乳制品的质量。衡量质量高低的指标，例如乳脂率、蛋白含量、体细胞等都需要采用精密的仪器进行检测。消费者对乳制品质量的判断在于商品的外包装和口感上，甚至在消费之后也很难获得乳制品质量的准确信息。不仅如此，如果不借助检测设备和仪器，专业人士也很难对乳制品及原料奶的质量做出准确判断。

乳制品质量安全事件频发，如 2008 年的三聚氰胺事件，虽然此事过去十余年之久，但其影响力依然深入人心，消费者对中国国产奶粉的信心大跌，因此掀起了代购、海淘等一系列热潮，国外婴幼儿奶粉大量进入国内市场。同时,新西兰恒天然集团抓紧契机,出口具有巨大价格优势、运输优势的"工业大包粉",抢先占领国内市场,这对中国整体乳业的发展带来了一定的冲击。

虽然中国乳制品在质量上已经达到了国家标准,在生产过程中也符合国际要求,产品监督和产品追踪等售后也应用了国际高效的管理机制,但是国内消费者对中国乳制品的态度仍然处于不放心的状态。国产奶的消费潜力仍有待挖掘,中国乳业整体发展水平仍处于落后阶段。这与三聚氰胺事件以及后续发生的相关乳制品质量安全事件密不可分,使中国乳业整体发展缓慢,阻碍了中国奶业的整体竞争力。

表 4-7　　　　　　　　中国部分乳制品安全事件

事件	发生时间	原因及造成后果
"安徽劣质奶粉"事件	2004 年	导致中国消费者对乳制品安全的严重关注。安徽阜阳农村多名婴儿出现发育不良现象("大头娃娃")
"郑州回奶"事件	2005 年	导致产品大规模下架
"毒奶粉"事件	2008 年	三鹿的多批次婴幼儿奶粉受到三聚氰胺污染,进行大规模召回
"β—内酰胺酶"事件	2009 年	紧急叫停"无抗奶"宣传。抗生素分解剂β—内酰胺酶是抗生素的一种,是非法的添加物,国际和国内均不允许该酶在牛奶中作为添加剂使用
"皮革水解蛋白"事件	2009 年	导致重铬酸钾和重铬酸钠被带入产品中,进而被人体吸收。这些物质在体内无法分解,还会慢慢积累,可以导致中毒,使关节疏松、肿大,甚至造成儿童死亡
"亚硝酸盐中毒"事件	2011 年	甘肃省平凉崆峒区发生食用牛奶中毒事件,服用散装牛奶导致亚硝酸盐中毒
"牛奶致癌"事件	2011 年	利乐包装的牛奶中检测黄曲霉毒素,黄曲霉毒素超标则具有致癌性和致突变性
"酸败奶"事件	2012 年	配送车辆温度没达到标准导致其中部分产品发生酸败
"牛尿门"事件	2012 年	由于利益的驱使,很多养殖户直接往牛奶中添加大量牛尿。如果掺水,那么牛奶被稀释了、检验会不合格;掺"牛尿"就不会稀释,而且合格。"牛尿奶"如何躲得过检查?因为企业检查不严格,甚至走过场

资料来源:笔者根据网络数据整理所得。

四、相关产业和支持性产业

乳业作为国民经济中重要部门，关联众多产业，表4-8中分别列出了前向直接关联产业和后向完全关联且排名在前十一位的产业。在前向关联产业中碳酸及茶类饮料加工业排名第二，需求性极高，由于成本因素，市场被新西兰的"工业大包粉"稳稳占据。乳业的发展会带动多个部门的经济增长，具有最紧密关系的就是农林业，乳业经济增长直接归为此部门。根据表4-8，政府可针对性提出政策，进而带动乳业发展。

表4-8 中国乳制品业的主要前向直接关联（后向完全）产业及其关联度排名

产业部门	前向直接关联度排名	产业部门	后向完全关联度排名
植物食用油加工业	6	农林业	2
其他食品生产业	5	畜牧养殖业	1
便利食品加工业	8	石油及其相关产业	11
奶类及乳制品加工业	1	饲料加工业	7
调味料类以及发酵类用品制造业	10	鲜乳及乳制品制造业	3
其他食品加工业	3	造纸及纸质包装产业	6
酒精类制造业	11	核燃料加工业	9
碳酸类及茶类饮料加工业	2	塑料工业	5
餐饮服务业	4	电力、热力产业	4
居民服务业	9	批发及零售业	8
娱乐休闲	7	商务服务业	10

资料来源：《中国奶业年鉴2011》。

下面以饲料加工业详细说明中国奶业的相关产业发展情况，用以进一步解释中国乳业贸易竞争力的影响因素。

表4-9展示了2013年至2018年中国饲料加工企业的整体经营状况。不难发现，虽然饲料加工企业的数量略有上升，但是其中亏损企业的数量也随之上涨，主营业务收入、利润总额、资本总额也出现了下降趋势，负债总额也略有增长。中国饲料产业发展微有向下的趋势，从图4-8也可以看出，中国配合、混合饲料的总产量在近年来也呈现了下降趋势。而中国

奶牛养殖业中的主要饲料燕麦干草、苜蓿干草的进口量分别呈现了上升态势，与2011年相比，2018年两种干草饲料进口量分别上升了95.67%和80.08%。另外，通过对奶牛养殖户的相关调研了解到，美国苜蓿等干草饲料在饲喂过程中能够明显提升原奶蛋白质等营养物质含量，提升原奶品质，也提升了原奶产量。

表4-9　2013年至2018年中国饲料加工企业经营情况

分项	2013年	2014年	2015年	2016年	2017年	2018年
企业数量（个）	3664	3842	4117	4232	4296	4354
亏损企业数（个）	304	330	411	524	561	802
主营业务收入（亿元）	9742.8	10813.9	11052.8	11533.6	11244.2	9405.2
利润总额（亿元）	481.4	508.0	536.2	560.3	555.0	441.9
资产总额（亿元）	3197.2	3846.5	4250.5	4679.0	5317.5	5138.0
负债总额（亿元）	1534.4	1845.1	1929.3	2159.3	2618.8	2700.4

数据来源：《2019中国奶业统计摘要》。

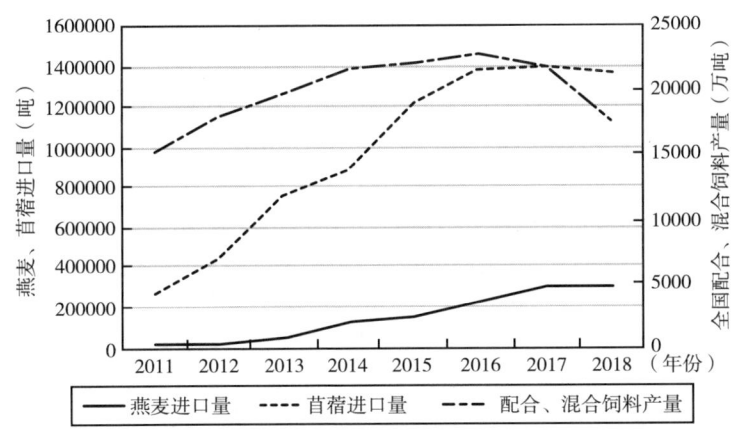

图4-8　2011年至2018年全国饲料产量和进口情况

数据来源：《2019中国奶业统计摘要》。

即使中国饲料具有相对出口优势，也依然存在资源不足、国际竞争力较弱等问题。2017年中国商品草种植面积为133.47万公顷，比上年下降了23.5%，总产量为1019万吨，较上年减少24.7%。此外，中国牧区的水资源短缺、分布不均，也造成了产量下降、国际竞争力低弱的局面。

五、企业经营组织规模

迈克尔·波特指出,企业所设定的目标、策略和经营方式在不同国家之间具有明显差异,各个国家对不同产业所采取的产业政策差别很大,几乎没有哪一种政策能够被广泛采用,所以假使一国的某项产业能够获得竞争优势,部分原因是其发展措施迎合了国家的政策,是将两者很好地结合所产生的效果。激烈的国内竞争可以有效防止政府过多干预企业,使不同产业可以公平竞争,有助于促进生产力的发展和技术的进步,有助于引导政府将对产业的支持转向整个行业。形成有效竞争并不意味着需要大量的竞争者参与,因为国内竞争者的数量完全取决于该产业潜在的规模经济,并且随着该产业的不断成熟,竞争者的数量会逐渐下降。

从乳业整个整体来看,中国乳制品企业呈现少数几个企业独大,其他企业规模小、分布区域分散的现状。虽有伊利、蒙牛、三元、娃哈哈等少数大型企业,产品占国内市场的70%左右,但是与世界乳制品巨头相比,实力还是较弱,集约化发展和规模经济的效果并不明显。中国乳制品企业的竞争优势不强,主要是因为中国国内企业的公司战略和结构以及创新能力上跟国外还有很大的差距。

表4-10详细说明了中国近年来乳制品加工企业生产经营现状。目前,中国乳品企业数量较多,但生产能力和技术水平参差不齐。2012年至2018年乳制品企业数量没有明显变化,但每年都会有部分企业成立,这部分企业由于经营不善、亏损严重而破产倒闭,因而处于动态平衡状态。历年来处于亏损的企业有百余左右,且负债总额一般占资产总额的一半。但是总体来看主营业务收入和利润总额都有所上升。

表4-10 2012年至2018年全国液体乳及乳制品制造业基本经营情况

分项	2012年	2013年	2014年	2015年	2016年	2017年	2018年
企业数量(个)	649	658	631	638	627	611	587
亏损企业数(个)	114	91	100	103	104	110	121
资产总额(亿元)	1744.1	2056.9	2321.2	2565.0	2792.0	2972.5	3145.8

续表

分项	2012年	2013年	2014年	2015年	2016年	2017年	2018年
负债总额（亿元）	958.2	1116.5	1241.3	1314.2	1388.7	1540.0	1576.4
主营业务收入（亿元）	2502.0	2831.6	3297.7	3328.5	2503.9	3590.4	3398.9
利润总额（亿元）	159.6	180.1	225.3	241.7	259.9	244.9	230.4

数据来源：《2019中国奶业统计摘要》。

此外，与乳业发达国家相比，中国乳业管辖部门成立较晚且少。美国于1862年在美国农业部下设国家农业统计中心、经济研究中心、农业科研中心、农业市场中心等部门分别在乳业发展调研、乳业技术研发、市场监管、经济研究等领域各司其职，相互配合，为美国乳业发展提供客观、全面的乳业市场信息、技术指导与培训、乳业发展规划等相关服务。欧盟于1966年欧盟委员会下设的组织部门；澳大利亚于1942年设立的澳大利亚乳业理事会以及澳大利亚奶农联盟、澳大利亚乳品联盟和2003年成立的澳大利亚乳业局；新西兰于2007年成立的新西兰奶农协会和2003年成立的新西兰乳制品企业协会。

六、相关乳业政策

迈克尔·波特认为，政府在产业国际竞争优势中的作用应该是影响生产要素、市场需求、辅助产业和企业策略结构等一系列因素。政府可以提高某产业的国际竞争力，但是政府本身并不具有产生优势来源的能力。机遇是随时都有的，某一产业是否能够发现机遇占领市场，甚至是占领国际市场不是个人能力可以办到的。这不仅需要整个产业的协调运作，更需要政府的远见卓识和及时有力的政策支持。

对比澳大利亚、新西兰和美国对乳制品的施行时间，学者发现中国大部分法律都是从2008年（三聚氰胺事件发生之后）开始实行（见表4-11）。事实上，表4-7明确显示了乳制品安全事件发生远远早于2008年。但是，相关部门不重视、监管力度不够、从业人员放纵导致中国乳业国际竞争力陷入低迷、至今深受影响。

表 4-11　中国及部分乳业发达国家相关法律法规

国家	施行年份	法规名称	主要内容
澳大利亚、新西兰	1991	Food Standards Austrilia New Zealand Act, ANZFA	确定了食品联合管理手段的发展机制，也规定了由澳大利亚和新西兰食品标准局负责制定与维护澳大利亚、新西兰食品标准与法规
澳大利亚、新西兰	2005	Austrilia New Zealand Food Standards Code	对婴幼儿食品的营养素组成成分和食品标签进行一般性规定
美国	1938	Federal Food, Drug and Cosmetic Act, FFDCA	关于食品和药品的基本法，婴幼儿配方食品首先应符合联邦食品、药物和化妆品法案中针对一般食品的规定，同时符合该法案第 412 条对婴幼儿食品做出的特别规定
美国	1936	Title 21 of Code of Federal Regulations	第 105 条是关于特殊膳食的使用规定；第 106 条是关于婴幼儿配方奶粉的质量控制程序，内容包括动态药品生产管理规范、质量控制程序、记录和报告四个部分，目的是保证婴幼儿配方奶粉满足安全、质量和营养的要求，保证婴幼儿配方奶粉营养含量
美国	1980	The Infant Formula Act	对婴儿配方食品的生产、管理和质量标准进行了规定，后被添加于 FFDCA 第 412 条。修正案规定婴幼儿配方食品应符合动态生产管理规范和质量控制程序扩大新产品的备案范围，指定每批婴儿配方奶粉必须进行的营养质量控制测试，规范问题产品召回机制，以及赋予联邦为甚干和公共服务部保留记录的权力
美国	2014	Current Good Manufacturing Practices, Quality Control Procedures, Quality Factors, Notification Requirements, and Records and Reports, for Infant Formula	帮助和确保企业能够规范生产符合质量要求的婴幼儿配方奶粉，包含了具体的质量控制程序
美国	2014	农业法案	通过利润保障项目和乳制品捐赠项目扶持乳业的发展
中国	2008	乳品质量安全监督管理条例	生产婴幼儿奶粉的企业应当实施危害分析与关键控制点体系。应当保证婴幼儿生长发育所需的营养成分，不得添加任何可能危害婴幼儿身体健康和生长发育的物质。婴幼儿奶粉标签还应当表明主要的营养成分及其含量，详细说明使用方法和注意事项。规定婴幼儿奶粉召回、退市特别制度

续表

国家	施行年份	法规名称	主要内容
中国	2009	中华人民共和国食品安全法实施条例	主要涉及食品安全风险检测和评估、食品安全标准、食品生产经营、食品生产经营、食品检验、食品进出口、食品安全事故处置、监督管理、法律责任等内容
中国	2009	乳制品工业产业政策	从政策目标、产业布局、奶源供应、技术装备、行业准入、投资融资、质量安全等方面明确中国乳业发展的目标和方向
中国	2010	国务院办公厅关于进一步加强乳品质量安全工作的通知	对乳制品质量安全监管中的各项工作住处具体和严格的规定
中国	2012	关于加强2012年奶牛良种补贴的项目管理的通知	以环境保护优化畜禽养殖产业发展，加强畜禽养殖环境保护监管，鼓励扶持废弃物总和利用，予以税收优惠
中国	2014	推动婴幼儿配方乳粉企业兼并重组工作方案	指明继续实施振兴奶业首蓿发展行动，加大对中小规模奶牛标准化规模养殖场改造升级，促进小区向牧场转变
中国	2018	关于进一步促进奶业振兴的若干意见	确立奶业的战略地位，围绕奶源基地建设、乳制品加工流通、乳品质量安全监管以及消费引导等方面做出全面部署

资料来源：笔者根据网络整理。

自2008年三聚氰胺事件发生以来，国家出台了诸多相关政策支持乳业健康发展。例如2008年的《乳品质量安全监督管理条例》指出，对乳品生产、收购、加工、销售等各环节进行全面整改，加大扶持力度；2009年的《乳制品工业产业政策》，从政策目标、产业布局、奶源供应、技术装备、行业准入、投资融资、质量安全等方面明确中国乳业发展的目标和方向；2012年发布了《关于加强2012年奶牛良种补贴的项目管理的通知》，以环境保护优化畜禽养殖产业发展，加强畜禽养殖环境保护监管，鼓励扶持废弃物总和利用，予以税收优惠；2014年《推动婴幼儿配方乳粉企业兼并重组工作方案》指明继续实施振兴奶业首蓿发展行动，加大对中小规模奶牛标准化规模养殖场改造升级，促进小区向牧场转变；2018年发布了《关于进一步促进奶业振兴的若干意见》，确立奶业的战略地位，围绕奶源基地建设、乳制品加工流通、乳品质量安全监管以及消费引导等方面做出全面部署。

企业间也成立乳业20强企业,并组织"中国小康牛奶行动",乳业20强企业开展牛奶公益助学,捐赠牛奶货值为6155.7万元,惠及63.6万的贫困地区学生,不仅对奶业的发展起到了助推作用,也对中国整体经济发展贡献了重要的力量。

第四节 本章小结

本章主要分析中国的乳业贸易国际竞争力，从中国国内的生产情况和消费情况展开分析。通过测算贸易竞争力指数、市场占有率和显示性比较优势指数具体分析中国乳业的国际竞争力问题，进而采用钻石模型分析中国乳业竞争力的影响因素，主要结论主要有以下几点。

第一，目前中国乳业生产水平呈上升趋势。牛奶产量和乳制品产量在逐年上升，1999年至2017年中国人均牛奶产量高速增长，但是从区域布局上来看中国牛奶产量呈现不平衡特征。

第二，全国居民奶类人均消费量与城镇居民的鲜奶人均消费量变动一致，农村居民的人均消费量在逐渐提升。但中国乳制品消费地域结构不平衡，受生产区域的影响，消费量与产量相对应。另外，中国乳制品消费产品体现了单一性。

第三，国际市场占有率、现实性比较优势指数、产业贸易竞争力指数均表明了中国乳业竞争力处于劣势地位，与中国国内的其他产业相比也不具有相对优势。

第四，通过波特钻石模型分析不难发现中国乳业的生产要素依然处于初级状态；具有巨大的市场消费潜力和需求空间；企业运营能力参差不齐，但逐渐规范且市场具有充分的竞争条件，饲料产业虽然不能提供足够的竞争力，但是处于迅速发展时期；政府也在不断地完善奶业相关政策，以改善目前中国乳业贸易局面、提升中国乳业竞争力。

第五章

中国与"一带一路"沿线国家和地区乳业贸易演化特征分析

第五章 中国与"一带一路"沿线国家和地区乳业贸易演化特征分析

2008 年三聚氰胺事件发生后,中国乳业市场陷入低迷,虽然经过十年发展、政府极力振兴乳业,中国乳业发展体现出规模化、机械化、标准化,奶类产量显著增加,但是经过以上分析发现,中国乳业国际竞争力仍然很低。中国乳业市场依赖性强、国际竞争力弱、国内消费产品单一等都是中国乳业目前存在问题,也是亟待解决的问题。而中国与乳业发达国家之间的乳业贸易、投资合作已经展开,但效果不显著,因此需借助"一带一路"的大背景,寻求中国乳业发展新机遇,探索中国乳业贸易新格局。基于此,本章利用复杂网络模型分析中国与"一带一路"部分沿线国家之间的贸易演化特征。

第一节 中国与"一带一路"沿线国家和地区乳业贸易网络构建

中国与"一带一路"沿线国家和地区乳业贸易网络是由多个国家组成的典型复杂网络。为了更好地研究中国与"一带一路"沿线国家和地区的乳业贸易特征,本书选取了"一带一路"沿线国家和地区作为节点,两国的乳业贸易关系作为边,以乳业贸易的流向作为边的方向,其中进口对应流入,出口对应流出,其中选取双边的贸易额作为权重,构建"一带一路"沿线国家和地区乳业贸易无权网络和加权网络模型。图 5-1 为 2018 年中国与"一带一路"沿线国家和地区间的乳业进口贸易加权网络图。

一、数据选取及处理

本书选取联合国贸易数据库中"一带一路"沿线国家和地区海关 HS 编码为 0401、0402、0403、0404、0405、0406 乳制品 2009—2018 年 10 年的贸易数据。由于统计口径或方式不同,不同国家上报数据出现不对称现象,因此本书以进口国上报数据为依据。如研究进口贸易网络结构,以上报国进口数据为主,若缺失数据以进口的对象国上报的出口数据为补充。

另外,将未进行乳制品贸易国家剔除,如斯洛伐克、斯洛文尼亚、斯里兰卡等国家2018年上报数据中未记录进口乳制品。

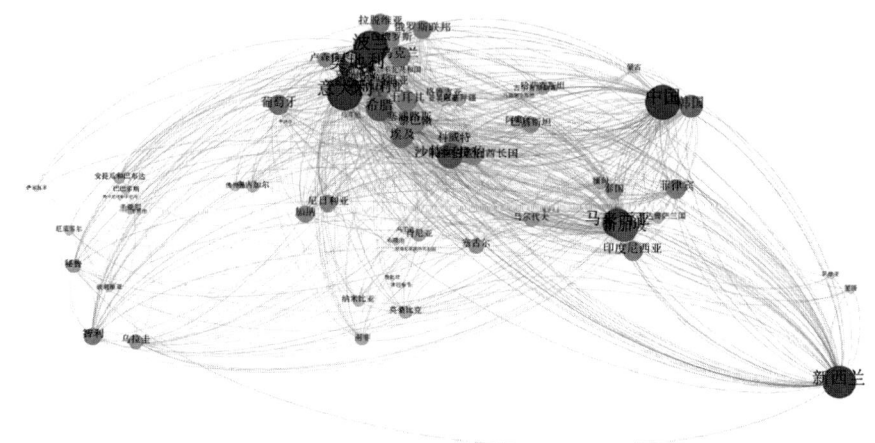

图 5-1　2018 年中国与"一带一路"沿线国家和地区的乳业进口贸易加权网络图

二、复杂网络模型的相关指标

1. 无权网络结构特征分析指标

(1) 度、度分布。

①网络节点度。在一个复杂网络中,一个节点的度是最基本的统计指标之一。节点的度是与该节点相连的边数总和,一个节点的度越大,说明这个节点在这个网络中越重要,在"一带一路"沿线国家和地区乳制品贸易网络中,节点的度越大,说明这个国家与"一带一路"沿线国家和地区的贸易伙伴越多。在有向网络中,度被分为入度和出度。入度 $k_i^{in}(t)$ 是指指向该节点的边数,出度 $k_i^{out}(t)$ 是指该节点指向其他节点的边数。入度和出度的公式如下所述:

$$k_i^{in}(t) = \sum_{j=1}^{n} d_{ji}(t) \quad (5-1)$$

$$k_i^{out}(t) = \sum_{j=1}^{n} d_{ij}(t) \quad (5-2)$$

式 (5-1) 表示有一条边从节点 i 指向节点 j,在乳制品贸易中表示 i

国家在 t 年向 j 国家出口乳制品,则 $d_{ji}(t)=1$,否则 $d_{ji}(t)=0$。若入度越大,则说明这个国家的进口贸易伙伴很多,若出度越大,则说明这个国家的出口贸易伙伴很多。

网络中所有节点的度的平均值称为网络的平均度,记为 $\bar{k}$,即:

$$\bar{k} = \frac{1}{N}\sum_{i=1}^{N} k_i \qquad (5-3)$$

②介数中心度。介数中心度表示了一个节点在网络连通性中的相对重要性。在一个具有 V 个项点的网络中,节点 i 的介数中心性根据弗里曼定义为:

$$g(i) = \sum_{s \neq t \neq v} \frac{\sigma_{st}(i)}{\sigma_{st}} \qquad (5-4)$$

其中,σ_{st} 表示的是节点 $s \in V$ 和节点 $t \in V$ 之间的最短连边数,$\sigma_{st}(v)$ 表示经过节点 i 的节点 s 和 t 之间的连边数。介数值越高,说明网络中任意两个节点的关系与这个节点的关系越大(即这个节点在全局中的影响力越大,也就越重要越关键)。

③度分布。网络中节点的度分布情况可以用分布函数 $p(k)$ 来表示,表示为网络中度为 k 的节点在整个网络中所占的比例。也就是说,在网络中随机抽取到的度为 k 的节点的概率为 $p(k)$。

(2)网络密度。网络密度可用来刻画网络中节点间相互联系的密集程度,常用网络中实际存在的边数和可容纳的边数上限的比值,如一个具有 n 个节点和 m 条边的网络,网络密度可记为:$d(G) = \frac{2m}{n(n-1)}$。因此,密度的取值范围为 $0 \sim 1$,在全连通的网络中,$d(G)=1$,当网络中没有任何节点相连时,$d(G)=0$。其可用来刻画"一带一路"乳制品网络中各个国家的紧密程度,其值越接近 1,表示紧密程度越高。

(3)聚类系数和平局路径长度。

①聚类系数。在图论中,聚类系数表示图中顶点之间结集成团的程度系数,是一个节点的邻接点之间相互连接的概率。在贸易网络中,它表示国家进行贸易的两个伙伴国之间进行贸易往来的概率。节点的聚类系数越

高，该节点的邻节点之间的关系就越紧密。Watts 和 Strogatz 认为节点 i 的聚类系数：

$$c_i = \frac{2n}{k_i(k_i - 1)} \quad (5-5)$$

式（5-5）中，k_i 表示与节点 i 的度，n 表示节点 i 的所有相邻节点之间相互连接的边的个数。在有向网络中，相邻节点之间可能存在的边数为 $k_i(k_i - 1)$，因此有向无权网络的聚集系数为：

$$c_i = \frac{n}{k_i(k_i - 1)} \quad (5-6)$$

若节点 i 的邻接节点之间不存在连接，则 $c_i = 0$；若节点 i 的所有邻接节点都相通，则 $c_i = 1$。那么，整体网络的聚类系数即为全部节点聚类系数的平均值，记为：$\overline{C} = \dfrac{\sum_{i \in N} C_i}{N}$。

②平均路径长度。平均路径长度是衡量一个网络是否具有"小世界"属性的重要指标，是网络中任意两个节点直接距离的均值。乳业贸易网络反映了任何一个国家与其他国家有贸易关系需要经过其他国家的数量。Newman 对整个网络平均路径长度定义为：

$$L = \left[\frac{1}{N(N-1)/2} \sum_{i>j} d_{ij}^{-1} \right]^{-1} \quad (5-7)$$

其中，d_{ij}^{-1} 表示节点 i 和 j 相连的最短路径上包含边的数目，也称为"这两个节点之间的距离"。

（4）互惠性。在有向网络中，两个节点之间形成相互连接矩阵项之间的相关系数即为互惠性（若节点 i 和 j 之间存在连边，则 $a_{ij} = 1$，否则 $a_{ij} = 0$），用来衡量两个节点之间形成连接关系的程度。

$$R = \frac{\sum_{i \neq j}(a_{ij} - \bar{a})(a_{ji} - \bar{a})}{\sum_{i \neq j}(a_{ij} - \bar{a})^2} \quad (5-8)$$

其中，均值 $\bar{a} = \dfrac{\sum_{i \neq j} a_{ij}}{N(N-1)}$（连边密度）衡量的是观察到的、与可能连

边的比率。若 $R>0$，则乳业贸易网络是互惠的；若 $R<0$，则乳业贸易网络不是互惠的；若 R 无限趋于 1，则意味着世界经济快速发展至一个"有序阶段"（即所有的贸易关系都是双向的）。

2. 加权网络结构特征分析指标

（1）强度分布。强度是无权网络中节点度的自然推广，是节点 i 与它相关联的边的权重总和。在有向加权网络中，点强度又可分为出强度和入强度，节点 V_i 的出强度 S_i^{out} 表示从节点 V_i 指向其他节点的边的权重之和，本研究表示的实际含义是 i 国对"一带一路"沿线国家和地区的乳制品出口总和。入强度 S_i^{in} 表示 i 国向"一带一路"沿线国家和地区的乳制品进口总和。

$$S_i^{out} = \sum_{i \in N_i} W_{ij} \quad (5-9)$$

$$S_i^{in} = \sum_{i \in N_j} W_{ji} \quad (5-10)$$

式（5-9）、式（5-10）中，N_i 为节点 v_i 的邻点集合；W_{ij} 表示节点 v_i 指向节点 v_i 的边权。

强度分布定义为第 i 个节点强度 S_i 与所有节点的强度之和 N_s 的比值，公式表示为：

$$P(s) = \frac{S_i}{N_s} \quad (5-11)$$

（2）加权聚类系数。加权网络的聚类系数除了分析无权网络中节点是否相连以及相连的可能性，还考虑了相连节点间的权重。对于加权网络，其聚集系数受权重影响很大，在贸易网络中加权聚集系数更能表现节点的聚集性。加权聚集系数已有学者进行了详细的定义，Barrat 等提出的加权聚类系数定义为：

$$C_{i,B} = \frac{1}{S_i(k_i-1)} \sum_{j,k} \frac{W_{ij}+W_{ik}}{2} a_{ij} a_{ik} a_{jk} \quad (5-12)$$

式（5-11）中，Si 为节点 i 的强度，节点 j 和 h 是相互连通的节点 i 的邻接节点，W_{ij} 与 W_{ik} 分别为与节点 i 相连的两条边的权重。

Onnela 等认为是一节点与其相连节点所在三角形上的边权的平均值。其定义加权聚集系数为：

$$C_{i,O} = \frac{1}{k_i(k_i-1)} \sum_{jk} (W''_{ij} W''_{ik} W''_{ki})^{\frac{1}{3}} \qquad (5-13)$$

其中，$W''_{ij}/\max(w)$ 是经过网络中的最大边权值标准化的边权。

Homle 等详细分析了加权网络的聚集系数，并指出应遵守的几点要求，并给出了相应定义：

$$C_{i,H} = \frac{1}{\max(w) \sum_{j,k} W_{ij} W_{ki}} \sum_{j,k} W_{ij} W_{jk} W_{ki} \qquad (5-14)$$

本书采用 Barrat 定义的加权聚集系数进行测算。

（3）权重差异性。节点的权重差异性描述了节点边权分布的离散程度，与相同点权重的边相比，权重差异性越大，离散程度越大。根据 Almass 等给出的定义为：

$$Y_i = \sum_{j \in N_i} \left(\frac{W_{ij}}{S_i}\right)^2 \qquad (5-15)$$

在有向网络中，又分为出差异性和入差异性，分别为：

$$Y_i^{in} = \sum_{j=1}^{N} \left(\frac{W_{ji}}{S_i^{in}}\right)^2 \qquad (5-16)$$

$$Y_i^{out} = \sum_{j=1}^{N} \left(\frac{W_{ij}}{S_i^{out}}\right)^2 \qquad (5-17)$$

其中，S_i 为网络中节点 i 强度，S_i^{in} 表示节点 i 的入强度，S_i^{out} 表示节点 i 的出强度，W_{ij} 表示节点 i 和 j 之间的权重。在乳业贸易网络中，若 i 国入差异性越大，则该国的贸易进口额越集中于少数国家；若 i 国入差异性越小，则该国家贸易进口额在伙伴国中表现为平均性质；若 i 国出差异性越大，则该国的贸易出口额越集中在少数国家；若出差异性越小，则表明该国贸易出口额在其贸易伙伴国中表现为平均性。在"一带一路"沿线国家和地区乳业贸易网络中，权重差异性越大，代表少数贸易关系占有大多数贸易额而绝大部分贸易关系占有少数贸易额。

第五章　中国与"一带一路"沿线国家和地区乳业贸易演化特征分析

第二节　乳业贸易无权网络结构特征分析

一、度及度分布

1. 平均度

根据公式计算得出 2009 年至 2018 年 "一带一路" 沿线国家和地区及中国的乳制品贸易有向无权网络的平均度，如表 5-1 所示。可以看出，"一带一路" 沿线国家和地区乳制品贸易有向无权网络中的平均度处于下降状态，但 2009 年至 2010 年平均度波动大，之后下降速度放缓。

表 5-1　　2009 年至 2018 年 "一带一路" 沿线国家和地区
乳制品贸易有向无权网络平均度情况

年份	平均度	节点个数	边数量	节点个数/边数量
2009	45.30	112	5074	0.022
2010	25.73	102	2624	0.039
2011	25.49	99	2523	0.039
2012	25.59	97	2482	0.039
2013	26.56	99	2629	0.038
2014	24.65	93	2292	0.041
2015	24.01	90	2161	0.042
2016	25.47	89	2267	0.039
2017	24.73	84	2077	0.040
2018	23.57	69	1626	0.042

对 "一带一路" 有向无权乳制品贸易网络十年内节点出入度分别进行排名。

如表 5-2 所示，"一带一路" 沿线国家和地区在十年之内出度最大（即乳制品出口伙伴最多的前十名国家构成变化不大）。意大利、新西兰、中国、波兰、阿拉伯联合酋长国在贸易网络中平均出度均大于70。意大利和新西兰是拥有最多乳制品出口贸易伙伴的国家,意大利的平均出度为84.3,新西兰为77.2,两国的乳制品出口伙伴包含"一带一路"沿线绝大多数国家和地区。位于欧洲的出度前十的国家主要为意大利、奥地利和波兰,其中波兰平均拥有73.6个出口伙伴国;新加坡、泰国和马来西亚是东南亚地区重要的乳制品出口国。西亚以土耳其和阿拉伯联合酋长国为主要出口国,新西兰位于大洋洲,以其优越的地理位置拥有了最多的出口市场。

表5-2　"一带一路"沿线国家和地区乳制品贸易网络出度排名前十国家

年份 排名	2009	2010	2011	2012	2013	2014	2015	2016	2017	2018
1	意大利	意大利	意大利	意大利	意大利	意大利	意大利	意大利	意大利	意大利
2	中国	阿拉伯联合酋长国	新西兰	中国	新西兰	新西兰	新西兰	波兰	新西兰	波兰
3	新西兰	新西兰	中国	新西兰	阿拉伯联合酋长国	中国	中国	中国	波兰	奥地利
4	波兰	中国	阿拉伯联合酋长国	波兰	波兰	阿拉伯联合酋长国	波兰	新西兰	阿拉伯联合酋长国	新西兰
5	阿拉伯联合酋长国	波兰	新加坡	阿拉伯联合酋长国	中国	波兰	阿拉伯联合酋长国	阿拉伯联合酋长国	中国	土耳其
6	土耳其	马来西亚	马来西亚	马来西亚	马来西亚	马来西亚	马来西亚	马来西亚	奥地利	乌克兰
7	泰国	奥地利	波兰	奥地利	奥地利	新加坡	乌克兰	土耳其	马来西亚	中国
8	奥地利	埃及	奥地利	新加坡	土耳其	土耳其	土耳其	新加坡	土耳其	希腊
9	新加坡	新加坡	泰国	泰国	新加坡	奥地利	泰国	奥地利	乌克兰	立陶宛
10	马来西亚	泰国	埃及	埃及	埃及	埃及	新加坡	乌克兰	新加坡	马来西亚

十年内,"一带一路"沿线国家和地区乳制品贸易网络的入度前十排名如表5-3所示,其中意大利、新西兰、波兰和阿拉伯联合酋长国再次进入前十国家,说明这些国家不仅拥有最多的出口市场,也拥有最多的进口市场。阿拉伯联合酋长国的入度在2018年居于首位,拥有了最多的乳制品进口市场,而韩国、南非、科威特和卡塔尔在2018年进入入度前十国家,说明这些国家的进口市场范围在逐步扩大,乳制品贸易的进口国别依赖度在降低。从地缘角度分析,位于欧洲的国家主要有意大利、波兰、奥地利

第五章 中国与"一带一路"沿线国家和地区乳业贸易演化特征分析

和乌克兰,这些是欧洲主要的乳制品进口国;新加坡、泰国和马来西亚是东南亚的主要乳制品进口国,在东南亚乳制品贸易市场具有核心地位;非洲东部的主要进口是塞舌尔,2012 年前始终处于网络中进口国的主要地位;而西亚的乳制品进口以土耳其、阿拉伯联合酋长国和科威特为主。另外,中国在出度排名中而不再入度排名中说明,与中国乳制品出口市场相比中国乳制品进口市场更加集中。

表 5 - 3　　2009 年至 2018 年"一带一路"沿线国家和地区乳制品贸易网络中入度排名前十国家

年份 排名	2009	2010	2011	2012	2013	2014	2015	2016	2017	2018
1	塞舌尔	新西兰	塞舌尔	意大利	意大利	意大利	新西兰	意大利	波兰	阿拉伯联合酋长国
2	意大利	意大利	新西兰	新西兰	新西兰	新西兰	意大利	波兰	新西兰	阿拉伯
3	新西兰	波兰	意大利	波兰	波兰	波兰	波兰	新西兰	阿拉伯联合酋长国	新加坡
4	波兰	阿拉伯联合酋长国	波兰	阿拉伯联合酋长国	阿拉伯联合酋长国	阿拉伯联合酋长国	阿拉伯联合酋长国	阿拉伯联合酋长国	马来西亚	韩国
5	阿拉伯联合酋长国	塞舌尔	阿拉伯联合酋长国	马来西亚	奥地利	马来西亚	乌克兰	乌克兰	乌克兰	南非
6	马来西亚	奥地利	新加坡	奥地利	土耳其	奥地利	奥地利	马来西亚	土耳其	马来西亚
7	乌克兰	马来西亚	奥地利	新加坡	新加坡	乌克兰	马来西亚	奥地利	新加坡	科威特
8	奥地利	埃及	马来西亚	乌克兰	马来西亚	新加坡	土耳其	新加坡	奥地利	奥地利
9	土耳其	新加坡	泰国	埃及	埃及	土耳其	新加坡	土耳其	阿拉伯	新西兰
10	新加坡	乌克兰	乌克兰	土耳其	泰国	埃及	埃及	巴林	波兰	卡塔尔

总体来看,"一带一路"沿线国家和地区乳制品贸易有向无权网络中出度排名高的国家入度排名也高,但是中国不再入度排名中,说明中国乳制品进口国家比较集中,进口市场的数量较少。如新西兰、意大利、阿拉伯联合酋长国、波兰等国在国际乳制品贸易市场中占据不可撼动的地位,控制着整个乳制品贸易网络。

2. 介数中心度

节点的中心性可以通过介数中心性表示,在"一带一路"沿线国家和地区乳制品贸易网络中,节点的介数中心性越大,说明这个国家在网络连接中所扮演的角色越重要。表5-4为2009年至2018年"一带一路"沿线国家和地区乳制品贸易网络中介数中心度前十的排名情况,从国家结构角度分析,阿拉伯联合酋长国在2018年排名位于第一,但是前九年意大利和新西兰始终处于最中心的位置。这和其国家的乳制品生产能力和乳制品质量具有直接关系。另外,虽然中国在前十名排位不高且有些年份未进入前十,但从特征向量中心性来看,中国对该贸易网络的贡献一直处于高位,这也是虽然中国是"乳制品大国",但仍不是"乳制品强国"的解释。图5-2展示了2009年和2018年以及"一带一路"倡议提出前后两年2012年和2015年介数中心性值和节点度值关系图,发现随着节点度的增加,介数中心性也随之增加。说明"一带一路"沿线国家和地区乳制品贸易网络中,度值高的国家也是重要的乳制品分配中心。

表5-4　　　2009年至2018年"一带一路"沿线国家和地区乳制品贸易网络中介数中心度前十排名

排名\年份	2009	2010	2011	2012	2013	2014	2015	2016	2017	2018
1	新西兰	意大利	新西兰	意大利	意大利	意大利	意大利	意大利	意大利	阿拉伯联合酋长国
2	意大利	新西兰	意大利	新西兰	新西兰	新西兰	新西兰	新西兰	新西兰	奥地利
3	马来西亚	阿拉伯联合酋长国	马来西亚	波兰	阿拉伯联合酋长国	波兰	波兰	波兰	波兰	新西兰
4	波兰	波兰	波兰	阿拉伯联合酋长国	波兰	阿拉伯联合酋长国	阿拉伯联合酋长国	马来西亚	阿拉伯联合酋长国	马来西亚
5	阿拉伯联合酋长国	埃及	阿拉伯联合酋长国	马来西亚	马来西亚	马来西亚	马来西亚	阿拉伯联合酋长国	马来西亚	波兰
6	新加坡	马来西亚	新加坡	新加坡	奥地利	中国	乌克兰	乌克兰	奥地利	意大利
7	土耳其	奥地利	土耳其	奥地利	新加坡	新加坡	奥地利	新加坡	土耳其	安提瓜和巴布达
8	泰国	泰国	泰国	泰国	泰国	奥地利	新加坡	奥地利	新加坡	加纳
9	乌克兰	新加坡	乌克兰	中国	土耳其	土耳其	土耳其	土耳其	乌克兰	泰国
10	奥地利	中国	奥地利	埃及	埃及	乌克兰	中国	中国	中国	新加坡

第五章　中国与"一带一路"沿线国家和地区乳业贸易演化特征分析

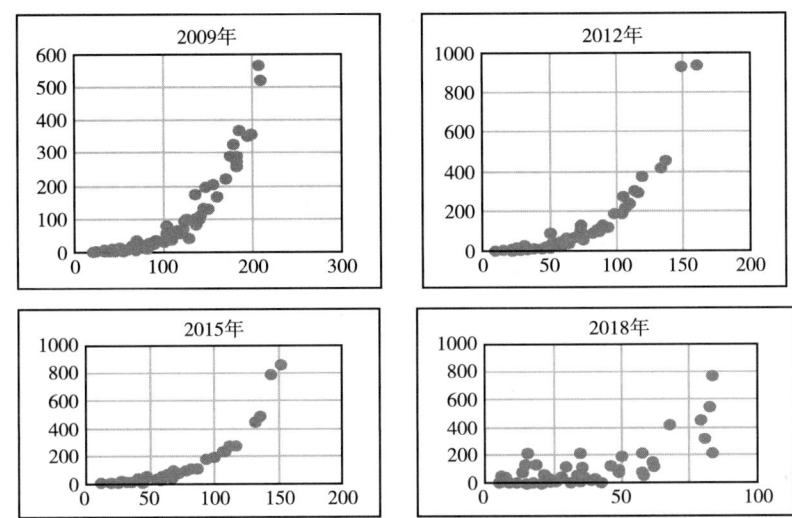

图 5-2　介数中心性值与节点度值之间的关系

3. 度分布

以 2009 年、2012 年、2015 年和 2018 年"一带一路"沿线国家和地区乳制品贸易网络为例,发现图像总体上呈现先增后降并且拖尾的效应。拖尾效应充分体现了无标度网络特征,即网络中节点之间连接状况具有不均匀分布的特征,网络中少数称之为 Hub 点的节点拥有极其多的连接,而大多数节点只有很少量的连接。少数 Hub 点对无标度网络的运行起着主导作用。在乳制品贸易网络中表现为大多数国家倾向于与核心国家建立贸易关系。

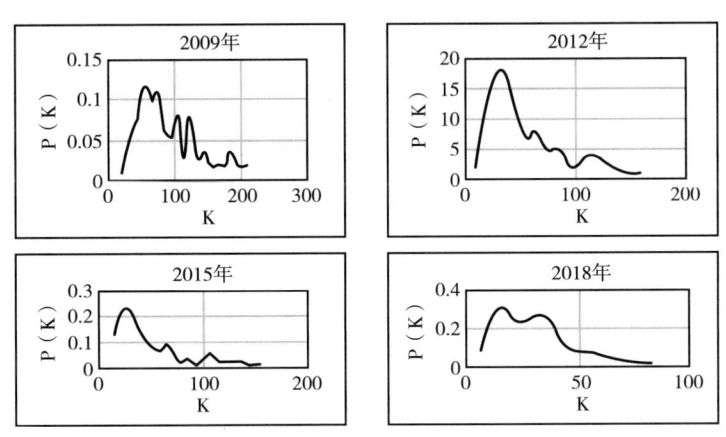

图 5-3　"一带一路"乳制品贸易网络度分布图

二、网络密度

"一带一路"乳制品贸易网络整体密度很小,除 2009 年外,均在 0.35 以下,但网络密度变化呈上升趋势,说明"一带一路"沿线国和地区家间具有乳制品贸易关系的国家很少,但贸易往来国数量不断增加。2010 年网络密度的骤然下降可能是由于欧洲的债务危机引起,葡萄牙和波兰等国家实行紧缩的货币政策,部分国家的经济不理想减少了与伙伴国的贸易交往。但中国—东盟自由贸易区的建立改变了局面,促进了更多的乳制品贸易关系,网络密度缓慢增加。与 2010 年相比,2018 年整体的网络密度增长了 36%(见图 5-4)。

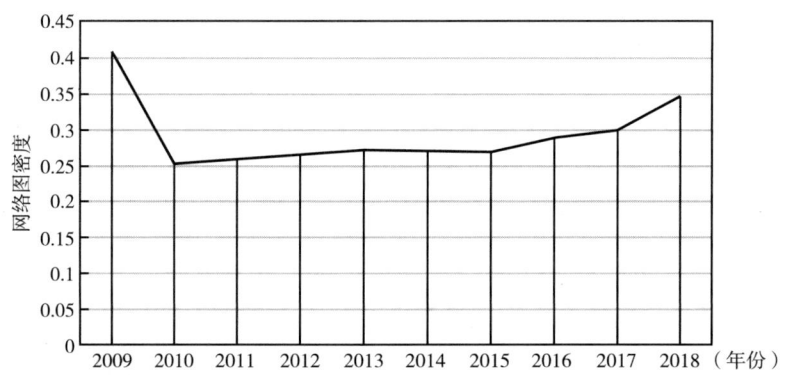

图 5-4 "一带一路"沿线国家和地区乳制品贸易网络密度变化情况

三、小世界特征

在我们的生活中,很多网络中研究对象(节点)之间的距离有近有远,同时具有较高的聚类系数和较小的平均路径长度,体现了小世界的特征。乳制品贸易网络的小世界特征是指贸易网络的规模很大、范围很广,但是两个国家进行贸易时经过的国家比我们认为的要少很多。"一带一路"沿线国家和地区乳制品贸易有向无权网络初步体现了"小世界"特征。

根据聚类系数的计算公式得出 2009 年至 2018 年乳制品贸易有向无权网络的聚类系数,具体变化情况如图 5-5 所示。由图 5-5 可以看出,网络的平均聚类系数虽然在2010年骤然下降，但是之后逐渐上升。说明十年间"一带一路"沿线国家和地区的贸易紧密程度在不断地变化，国家间的贸易关系紧密度在不断增加，特别是"一带一路"倡议提出以来，2015年平均聚类系数达到了峰值。根据众多学者对不同网络的研究，发现"一带一路"乳制品贸易有向无权网络的聚类系数属于较高水平。

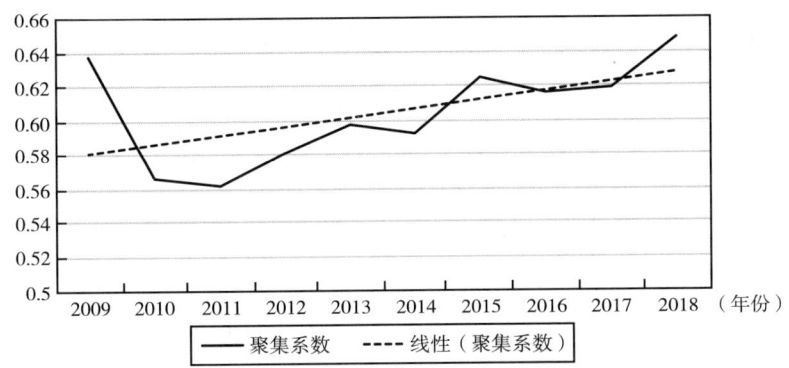

图5-5　2009年至2018年"一带一路"沿线国家和地区乳制品贸易网络的平均聚集系数

分析聚类系数变化可能存在的原因主要有：第一，2010年欧洲债务危机使欧洲大部分国家实行紧缩货币政策，贸易往来也随之减少，因此乳制品贸易网络的紧密度直线下降。第二，中国—东盟自由贸易区的建立，贸易区的建立降低了贸易壁垒，贸易利润空间大幅的上升，有利于贸易区内各国家贸易关系的建立，网络的贸易紧密度也不断增强。第三，产品种类多样，而不利于运输或不适合长途运输的乳制品分散了乳制品整体的贸易紧密度，但由于产品市场结构发生改变，因此紧密度也逐步增加。目前，大多数进行贸易往来的乳制品主要是以乳清粉、奶粉、奶酪等易存储、易运输的干乳制品为主，而鲜奶的贸易量在总贸易量中占有较少的部分，形成了干乳制品网络和鲜奶网络的两个极端。但随着消费者需求的改变，鲜奶需求增加使鲜奶网络聚类系数增加，促使了整体乳制品网络聚类系数的逐步上升。第四，根据"一带一路"的大数据显示，国外各国领导对其关注度在逐渐上升，对"一带一路"倡议持有积极态度，随着"一带一路"

沿线国家和地区在各个领域的逐步发展，特别是基础设施建设，给乳制品贸易提供了便利性。

如图 5-6 所示，2009 年至 2018 年"一带一路"沿线国家和地区乳制品贸易有向无权网络的平均路径长度变动在 1.55 和 1.8 之间，变化的幅度不大。2010 年上升至最大值，之后平缓下降，与聚类系数的变化恰好相反。通过计算 2018 年"一带一路"沿线国家和地区乳制品贸易有向无权网络的统计指标，结果显示，聚类系数为 0.648，平均路径长度为 1.662。因此，"一带一路"沿线国家和地区乳制品贸易有向无权网络具有较小的平均路径长度和较大的聚类系数，结合两者的未来变化趋势，初步展示了"小世界"网络特性。

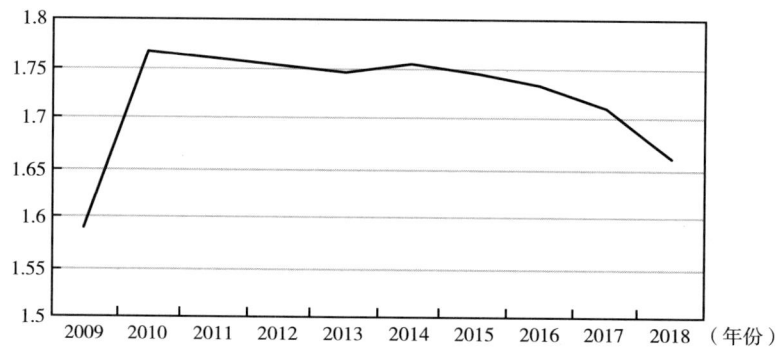

图 5-6　2009 年至 2018 年"一带一路"沿线国家和地区乳制品贸易网络的平均路径长度

四、互惠性

从图 5-7 可见，"一带一路"沿线国家和地区乳制品贸易网络互惠指数均为正值，说明"一带一路"沿线国家和地区乳制品贸易网络是互惠的。虽然 2009 年至 2018 年平均互惠指数为 0.225，"一带一路"沿线国家和地区乳制品贸易网络互惠性相对较低，这可能是由于乳制品主要生产地分布不均衡，导致主要乳制品贸易国占据话语权，而买方和卖方的空间分离和资源禀赋的自然差异，使各国之间较难实现充分的双向乳制品贸易关系。但是自 2013 年以来，互惠指数处于上升状态，与 2017 年相比，2018

年互惠指数增加了 9 个百分点,按照此发展趋势,未来互惠指数会进一步增加,"一带一路"沿线国家和地区乳制品贸易网络双向贸易关系将进一步加强。说明"一带一路"各国注重双边贸易发展,更加倾向创造合作共赢的局面,增加双边贸易友好关系,进而带动本国经济发展,弥补劣势资源,增强国力。

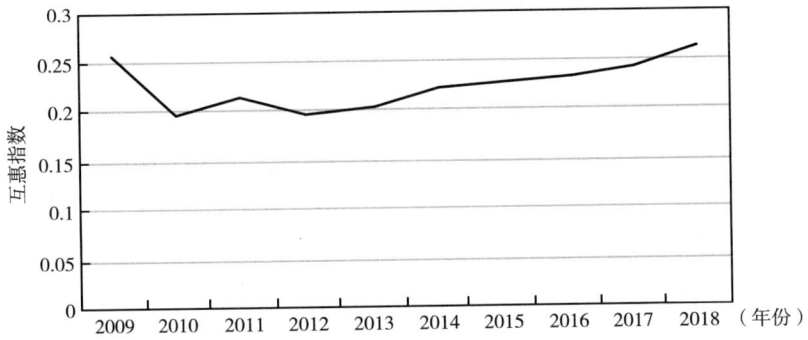

图 5-7　2009 年至 2018 年"一带一路"沿线国家和地区
乳制品贸易网络互惠性情况

第三节 乳业贸易加权网络结构特征分析

乳业贸易无权网络结构特征考虑了中国与"一带一路"沿线国家和地区是否存在乳业贸易关系,研究了关系多的国家或地区的重要性,没有考虑其中存在贸易关系少,但是乳业贸易量很大的国家的重要性。本小节通过构建乳业贸易加权网络,从强度分布、平均加权聚类系数和边的权重差异度等测度分析加权网络特征及其演化规律。

一、强度分布

根据定义,网络的平均出强度和入强度演化结果相同,因此此处不再探讨出强度,仅对入强度进行演化分析。根据公式计算了2010年至2018年的贸易额为权重的平均入强度,得出近十年的中国与"一带一路"沿线国家和地区间的入强度变化情况。平均入强度是衡量其乳业贸易网络中国家或者地区的平均进口贸易情况。从图5-8中可以看出,在十年间,"一带一路"沿线国家和地区乳业贸易网络的平均入强度总体呈现上升趋势。2010年至2014年入强度在逐渐增大,但是2015年呈现下降趋势,一方面,由于2015年受天气影响,乳制品主要生产国产量下降,导致奶价上升、进口下降;另一方面,贸易集中度的增强使其贸易网络中参与小国家数量下降,致使入强度降低,但随着供给的恢复、生产技术水平提升、产能增强,即使乳业贸易网络中参与国家数量下降,但入强度依然呈现上升趋势。另外,根据对世界乳制品贸易波动的研究表明,世界乳制品整体的需求效应是各国家乳制品贸易需求增强的主要动因之一。

由于2014年该贸易网络入强度第一次达到峰值,因此本书选取2010年、2014年和2018年该贸易网络中入强度排名前十的国家展开分析。基于三年的排名情况选取新西兰、中国、俄罗斯、白俄罗斯、阿拉伯联合酋长国、波兰和意大利十年的入强度排名展开对比分析,如图5-9所示。对

第五章 中国与"一带一路"沿线国家和地区乳业贸易演化特征分析

比十年间乳业贸易网络中入强度排名,发现差别不大。具体来看,新西兰、俄罗斯和中国稳居前三,其中新西兰始终保持首位,而中国与俄罗斯的排名于第二位和第三位相互交错状态。由表 5-5 可知,新西兰和中国的入强度逐渐增强,表明中国和新西兰在"一带一路"沿线国家和地区贸易网络中的发展始终保持较强的动力,对"一带一路"沿线国家的乳业贸易发展起到了带动作用。白俄罗斯自 2011 年以来,贸易量大幅度增长,跃居第四位、第五位,2018 年起乳制品贸易进口额达到 19.21 亿美元,也体现了贸易体量大的特征,这一变化与政策、经济一体化发展密不可分。阿拉伯联合酋长国、波兰和意大利的排名略微变化,波兰在 2015 年后排名稳居第八位。

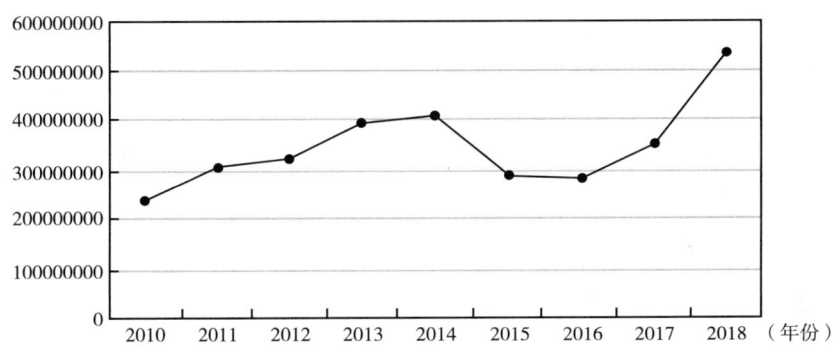

图 5-8 2010 年至 2018 年中国与"一带一路"国家和地区平均入强度变化情况

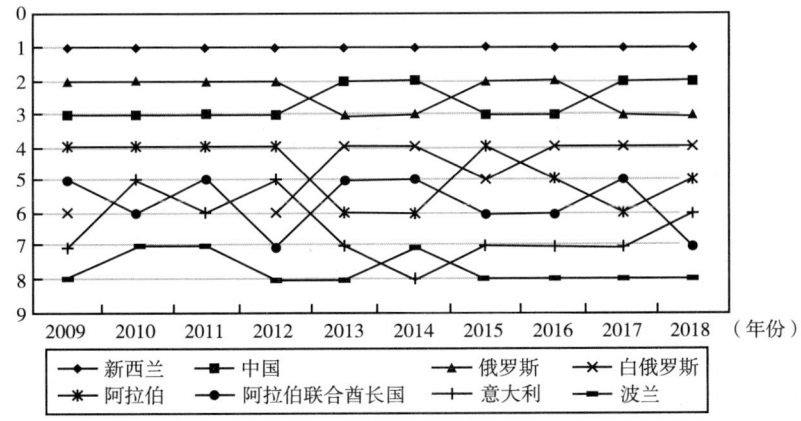

图 5-9 2009 年至 2018 年"一带一路"部分沿线国家和地区入强度排名情况

表 5-5 2010 年、2014 年、2018 年乳业贸易网络入强度排名前十国家

年份 排名	2010		2014		2018	
	国家	入强度	国家	入强度	国家	入强度
1	新西兰	4840152409	新西兰	9190320515	新西兰	16667798190
2	俄罗斯	2455067529	中国	3849565455	中国	3338927869
3	中国	1392961983	俄罗斯	3078967538	俄罗斯	2004678654
4	阿拉伯	1284068393	白俄罗斯	2000710168	白俄罗斯	1921219748
5	意大利	1030254579	阿拉伯联合酋长国	1854735097	阿拉伯	1359617538
6	阿拉伯联合酋长国	936755917	阿拉伯	1811516726	意大利	1227730802
7	波兰	836434546	波兰	1228760359	阿拉伯联合酋长国	1117877070
8	新加坡	646111409	意大利	1085625302	波兰	1045633720
9	乌克兰	594857130	伊拉克	993720763	马来西亚	640925858
10	委内瑞拉	581369290	马来西亚	793174962	奥地利	623733989

与无权网络贸易相比，2018 年其前十内部排名变动较大。说明在只考虑乳业贸易关系时，位于亚洲的国家在贸易网络中处于重要位置，如阿拉伯联合酋长国、阿拉伯、新加坡等，而考虑到贸易规模时，位于欧洲（如俄罗斯、白俄罗斯、波兰等）、大洋洲（主要指新西兰）和亚洲（此处仅指中国）的国家处于核心位置，说明在贸易往来中与前者具有贸易关系的国家较多，而后者中在贸易过程中体量较大。

二、加权聚类系数

平均加权聚类系数刻画了"一带一路"沿线国家和地区乳制品贸易网络中乳业贸易额的聚类程度。根据公式计算得出 2009 年至 2018 年中国与"一带一路"沿线国家乳业贸易网络的平均加权聚类系数，发现"一带一路"沿线国家和地区乳业贸易网络的平均加权聚类系数比无权网络中平均聚类系数较低，为 0.435～0.553，其与平均聚类系数演化过程相一致，如图 5-10 所示。根据两条曲线关系也可以看出，在"一带一路"沿线国家和地区乳制品贸易网络中乳制品的贸易量对该网络具有一定的影响力。

第五章 中国与"一带一路"沿线国家和地区乳业贸易演化特征分析

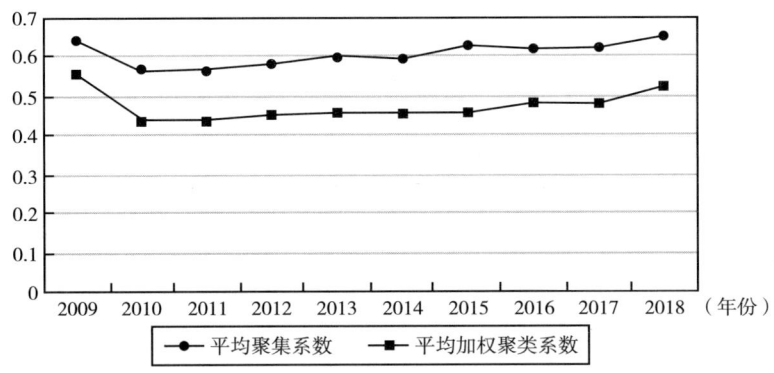

图 5-10 2009 年至 2018 年中国与"一带一路"沿线国家和地区乳业贸易
网络平均聚类系数和平均加权聚类系数演化曲线

这一现象可以归纳为以下几点原因：一是进口国家的需求比较分散。根据联合国贸易数据库数据显示，"一带一路"沿线国家和地区乳业贸易网络中主要的乳制品进口国主要有新西兰、中国、俄罗斯、白俄罗斯等，其中，中国从新西兰乳制品进口额占比为 56.28%，美国占比为 8.83%，而波兰仅占 1.13%。二是主要乳制品生产国比较集中。在世界乳制品生产国中，新西兰、澳大利亚、欧盟、中国、印度等占据世界乳制品市场的一半以上市场，而在"一带一路"沿线国家和地区乳业贸易网络中的国家中属新西兰和中国形成了鼎盛优势，在"一带一路"沿线国家和地区乳业贸易网络中两国出口比重为 54.84%。受地理、运输、政治关系等因素影响，乳制品贸易在个别地区或经济组织中出现少量的区域集团化特征，"一带一路"沿线国家和地区乳业贸易网络中模块化后的集团个数也由 2009 年的 8 个降至 2018 年的 5 个，整体而言缺少聚集性。

三、权重差异性

在"一带一路"沿线国家和地区乳业贸易网络中，边的权重差异性体现了贸易流量是规模相近还是差异很大。当某个节点的权重差异度越接近 $1/k$ 时，该节点的所有贸易流量越接近，当某个节点的权重差异度越接近 1 时，该节点的贸易流量相差越大，极少数的贸易关系拥有大部分的贸易流量。根据公式计算，2018年出口量和进口量排在前十的主要出口国家和进口国家的权重差异性，如表5-6和表5-7所示。

表5-6　　2018年"一带一路"沿线国家和地区贸易网络中
进口量排名前十的国家进口权重差异度

主要进口国家	总进口量（kg）	入度	进口权重差异度	$\frac{1}{k}$
新西兰	16667798190	55	0.617	0.018
中国	3338927869	52	0.818	0.019
俄罗斯	2004678654	35	0.647	0.029
白俄罗斯	1921219748	30	0.803	0.033
阿拉伯	1359617538	40	0.277	0.025
意大利	1227730802	62	0.150	0.016
阿拉伯联合酋长国	1117877070	52	0.379	0.019
波兰	1045633720	54	0.122	0.019
马来西亚	640925858	45	0.394	0.022
奥地利	623733989	52	0.334	0.019

数据来源：作者计算整理所得。

表5-7　　2018年"一带一路"沿线国家和地区贸易网络中
出口量排名前十的国家出口权重差异度

主要出口国家	总出口量（kg）	出度	出口权重差异度	$\frac{1}{k}$
中国	14050077444	41	0.863	0.024
新西兰	6287225998	53	0.252	0.019
俄罗斯	2125056715	19	0.661	0.053
白俄罗斯	2029168732	29	0.638	0.034
阿拉伯	1413015922	35	0.240	0.029
阿拉伯联合酋长国	1369330076	57	0.339	0.018
意大利	1102764733	60	0.171	0.017
波兰	749674867	54	0.100	0.019
马来西亚	609013556	43	0.520	0.023
奥地利	549425900	53	0.429	0.019

数据来源：作者计算整理所得。

从进口权重差异度来看，阿拉伯、意大利和波兰入差异性较接近0，

第五章 中国与"一带一路"沿线国家和地区乳业贸易演化特征分析

分别为 0.277、0.15 和 0.122,说明这三个国家乳制品的总贸易量对于其各自所有的贸易伙伴国的贸易量较为平均,进口来源地比较分散且与每个贸易伙伴国的交易量相当,其乳业贸易发展较为均衡。而中国和白俄罗斯两国入差异性较大,分别为 0.818 和 0.803,接近 1,且与 $\frac{1}{k}$ 的数值相差较大,表明中国与白俄罗斯两个国家的乳业进口贸易伙伴国较少,且每个伙伴国的贸易量较大,两个乳业贸易发展较为集中且不平衡。而新西兰和俄罗斯的乳业进口贸易结构优于中国与白俄罗斯,其入差异度分别为 0.617 和 0.647,介于中间水平。而排名较为靠后的阿拉伯联合酋长国、马来西亚和奥地利乳业进口贸易相对平衡,但与各自的 1/k 值仍相差较大。

从出口权重差异度来看,中国乳业出口贸易也相对集中,出差异度高达 0.863,与 $\frac{1}{k}$ 值也相差甚远,同时与排名前十的其他国家相比,乳业出口贸易属于极度不均衡状态,出口伙伴国也过于集中。俄罗斯、白俄罗斯和马来西亚的出差异度处于中间水平,其中:俄罗斯的出差异度和入差异度水平相当,白俄罗斯的乳业出口状况优于进口状况,而马来西亚与其相反,马来西亚的出口依赖大于进口。新西兰的乳业出口明显优于乳业进口,出口伙伴国较多且贸易量分布相对平均衡,具有比较竞争优势,这与新西兰国家政策、自然环境等息息相关。阿拉伯和阿拉伯联合酋长国的出口也相对稳定,意大利和波兰的乳业贸易也具有竞争优势,乳业出口与进口都相对均衡,致力于可持续健康发展,值得中国借鉴。

第四节 中国对"一带一路"沿线国家和地区乳业贸易依赖度分析

一、空间依赖度分析

对外贸易依赖度是指一个国家的进出口总额占该国民生产总值或国内生产总值的比重,又称为"对外贸易系数"。其分为进口依赖度和出口依赖度,进口依赖度反应该国市场的对外开放程度,而出口依赖度是衡量该国经济对外贸易的依赖程度的重要指标。众多学者采用贸易竞争性指数或贸易互补性指数来反应对外贸易依赖度和产业的国际竞争力。例如,显性比较优势指数显性比较优势指数(RCA)、出口相似度指数(EST)、双边贸易结合度指数(TII)、布雷哈特产业内贸易边界指数(B—L指数)与格兰贝尔—劳爱德产业内贸易指数(G-L指数)。本书将采用HM指数来作为反映中国两地之间贸易依赖程度的指标。

HM指数(Hubness Measurement Index)是Baldwin构造的用于分析两个或多个地区之间的贸易依赖程度。HM指数可以测算自由贸易协议网络中的潜在轴心经济体,反映经济体之间的贸易依赖非对称性。本书通过测算HM指数分析中国和"一带一路"部分沿线国家间的乳业贸易集合度,计算公式为:

$$HM_{ab} = \frac{X_{ab}}{X_a} \times \left(1 - \frac{M_{ab}}{M_b}\right) \qquad (5-18)$$

其中,HM_{ab}表示a国乳业贸易出口对b国的经济依赖程度,取值范围为0~1,值越大表明依赖程度越强。X_{ab}表示a国向b国出口额,X_a表示a国的出口总额,M_{ab}表示a国向b国进口额,M_b表示b国的进口总额。

第五章 中国与"一带一路"沿线国家和地区乳业贸易演化特征分析

二、基于 HM 指数的贸易依赖度分析

为了更加客观、科学地说明中国对"一带一路"部分沿线国家和地区的贸易依赖程度，本书采用联合国贸易数据库中中国记录乳制品贸易数据，以伙伴国记录数据为补充。由表 3-9 可知，2009 年至 2018 年，总体来看，中国对"一带一路"沿线国家和地区的出口贸易依存度较低。从纵向来看，在与之有乳业贸易往来的伙伴国中，其中中国对马来西亚、缅甸、菲律宾、新加坡、泰国和阿拉伯联合酋长国的出口贸易依赖度相对紧密。从横向来看，2009 年至 2018 年，中国对其出口的依赖度呈现逐渐下降的趋势，虽然与部分国家的贸易依赖度在增加，但是增幅较小，如菲律宾、新加坡。从时间上来看，中国对"一带一路"部分沿线国家和地区的出口依赖度在 2013 年和 2014 年较高，但之后又有所下降。

表 5-8　　2009 年至 2018 年中国对"一带一路"沿线国家和地区乳品出口的 HM 指数　　单位：%

国家	2009 年	2010 年	2011 年	2012 年	2013 年	2014 年	2015 年	2016 年	2017 年	2018 年
奥地利	0.001	0.000	0.133	0.005	0.005	0.000	0.000	0.000	0.001	0.000
喀麦隆	0.121	0.001	0.123	0.071	0.004	0.001	0.001	0.006	0.130	0.000
智利	0.007	0.001	0.001	0.132	0.000	1.093	0.010	0.001	0.006	0.015
捷克	0.029	0.000	0.000	0.499	0.152	0.166	0.002	0.001	0.008	0.001
埃及	0.163	4.799	4.883	0.002	1.268	1.023	0.490	0.005	0.007	0.014
圭亚那	0.043	0.003	0.285	0.029	0.128	0.025	0.021	0.004	0.035	0.003
印度尼西亚	0.187	1.338	0.000	0.312	0.879	0.005	0.000	0.002	0.027	0.077
意大利	0.004	0.000	0.060	0.000	0.000	0.000	0.000	0.127	0.138	0.085
马来西亚	0.774	0.684	0.232	0.265	3.458	9.910	5.901	0.104	1.090	1.515
缅甸	8.251	10.685	6.110	6.555	7.613	4.989	7.115	5.166	3.977	2.175
巴基斯坦	0.349	0.113	0.051	0.030	0.436	4.589	1.191	0.060	0.024	0.017
菲律宾	1.142	1.481	2.399	1.121	1.802	1.962	2.004	2.115	9.874	10.129
韩国	0.016	2.015	5.451	2.175	0.076	0.280	0.022	0.105	0.780	0.476

续表

国家	2009年	2010年	2011年	2012年	2013年	2014年	2015年	2016年	2017年	2018年
塞内加尔	0.006	0.463	0.719	0.073	0.030	3.451	6.570	0.892	0.340	0.282
新加坡	0.161	2.060	0.788	1.778	4.186	4.899	1.406	0.204	3.923	4.202
南非	0.203	0.211	0.001	0.049	0.004	0.009	0.007	0.004	0.208	0.220
泰国	0.764	0.736	0.380	0.261	0.721	0.747	1.509	1.518	1.602	1.130
乌干达	0.384	0.009	0.006	0.040	0.011	0.004	0.011	0.010	0.020	0.010
阿拉伯联合酋长国	0.798	0.546	1.614	0.029	1.174	1.825	3.632	0.977	0.785	0.006

数据来源：利用联合国贸易数据库中商品编码 HS0401、HS0402、HS0403、HS0404、HS0405、HS0406 共 6 种乳制品的贸易额总和计算整理。

第五节 本章小结

本章通过构建"一带一路"沿线国家和地区乳业贸易加权网络和无权网络模型分析中国与"一带一路"沿线国家和地区乳业贸易的演化特征。利用贸易网络中的基本指标衡量中国与"一带一路"沿线国家和地区间的贸易关系、贸易强度以及"一带一路"乳业贸易网络的互惠性。研究发现"一带一路"沿线国家和地区乳业贸易网络具有"小世界"特征,近年来网络密度呈现上升趋势,在无权网络中平均聚集系数相对较高,但在有权网络中加权平均聚集系数低于平均聚集系数。这说明贸易强度对贸易网络具有一定的影响。最后,基于 HM 指数分析中国对"一带一路"沿线国家和地区的乳业贸易依赖度。

第六章

中国与"一带一路"沿线国家和地区乳业贸易影响因素

第六章　中国与"一带一路"沿线国家和地区乳业贸易影响因素

中国乳业贸易国际竞争力持续走低的格局令人担忧，虽然乳制品进口规模逐年上涨，贸易依存度日益提高，但进口市场集中趋高，难以规避日益频繁出现的国际风险，很大程度上限制了国内乳业可持续发展，中国乳制品企业探索"走出去"战略目标仅仅处于发展初级阶段，尚未建立有效的利用国际资源和国际市场的战略机制，乳制品进口尚未形成全球供应链。另外，虽然中国已经成为全球乳制品生产大国、乳制品贸易大国，未来成为乳制品消费大国，但是仍然没有掌握国际乳制品市场价格话语权，乳业发达国家凭借自身的自然禀赋、资本、品牌、市场等优势控制了全球奶源、物流、贸易、加工和销售，改变了国际分工和贸易格局，导致全球对乳业资源的争夺更趋激烈。而中国乳业企业长期处于价值链低端锁定。因此，中国乳业贸易体系中的地位难以安全保障国内乳制品的长期需求，迫切需要寻求新的战略机制来维护。

第一节　中国乳业贸易的动因

经济全球化的不断发展以及居民生活水平的提高，使乳制品需求激增，全球乳制品贸易规模持续增加。UNComtrade 数据库显示，1998—2017年全球乳制品进口额年均增长率达到 6.41%。中国入世、三聚氰胺事件以及中新自贸区、中澳自贸区的建立彻底改变了中国乳业在国际舞台的地位，其 2017 年乳制品进口额高达 48.24 亿美元，仅次于德国。荷兰合作银行认为受多方因素影响，全球乳制品供应将停止增长，世界乳制品贸易也将受其影响，因此加深对世界乳制品贸易的动因研究，不仅对世界乳制品贸易格局具有深远影响，同时对保障中国乳制品贸易以及生产经营稳定具有现实意义。另外，随着"一带一路"倡议被重视程度的提升，加入"一带一路"倡议的国际范围不断扩大，"一带一路"沿线国家和地区国家的乳业变动都会影响中国与"一带一路"乳业贸易，因此本小节运用恒定市场份额模型（CMS）分析中国以及乳业发达国家的贸易动因具有一定必要性，中国和"一带一路"沿线国家乳业贸易的增长或减少与世界乳业贸易的整体规模变化的相关性能够验证，同时也是的本研究在研究中更具有全面性和完整性。

一、研究方法

笔者通过阅读文献最终选用了 CMS 模型展开分析，目前 CMS 模型已经运用到各个行业的贸易分析研究中。CMS 模型由 Tyszynski 提出，常用来分析一国或某地区某一产品的国际竞争力或者贸易波动的影响因素以及动因。后来经过 Leamer、Stern、Jepma 以及 Milana 多次修改完善，成为研究国际贸易增长动因和产品国际竞争力发展趋势的重要模型之一。该模型在学术界已被广泛采用。在相关研究中，CMS 模型主要有两个用途：一是用来分析出口贸易波动；二是用来分析出口竞争力。Kumar & Muraleedharan（2007）运用 CMS 模型，研究了印度胡椒粉和辣椒）在经合组织以及南亚、东南亚市场的出口业绩。结果表明，进口市场的需求增长是印度胡椒粉出口增长的主导因素，但胡椒粉的竞争力却呈现下降趋势，而在印度辣椒出口的增长中，竞争力效应为主导因素。Fogarasi（2008）运用 CMS 模型，研究了匈牙利和罗马尼亚农产品在欧盟市场的竞争力，结果表明进口市场的需求增长是匈牙利和罗马尼亚农产品在欧盟市场出口增长的主要因素。Kevin Z. Chen、Lian Xu 和 Yufeng Duan（2000）利用 CMS 模型，对中国 1980 年至 1996 年农产品出口竞争力进行了分析。研究表明，中国农产品出口竞争力在此时期出现了下降，而政府的农产品贸易政策改革加剧了竞争力的下降。

大部分学者关于乳制品贸易研究主要集中于中国，利用优势比较理论、钻石模型、贸易竞争力指数等方法，从生产规模、模式、成本、市场消费等角度出发分析中国乳业竞争力，基于此提出具体的政策建议。韩啸、于海龙、刘家贵等分别运用了 CMS 模型、引力模型实证分析了乳制品贸易的影响因素。但基于作者目前所阅览资料，基于全球视角对探究影响世界乳制品贸易变动因素的研究较为缺失，因此本书拟在已有的研究基础上，利用 CMS 模型从总体规模、产品和市场结构、产业国际竞争力角度对世界乳制品贸易变动进行效应和动因分析。本小节研究不仅丰富了世界乳

第六章 中国与"一带一路"沿线国家和地区乳业贸易影响因素

制品贸易的研究成果,还有助于厘清中国乳制品贸易变动的主要影响因素,为中国更好地应对世界及自身乳制品贸易变动提供实证依据。

本书将世界乳制品变动分解为两层,第一层为结构效应、竞争效应和交叉效应,公式表达为(6-1),第二层将第一层的三个效应进一步分解,结构效应被分解为增长效应、市场结构效应、产品效应和市场和产品交叉效应,公式表达为(6-2);竞争效应被分解为整体竞争效应和具体竞争效应,公式表达为(6-3);交叉效应被分解为纯二阶效应和动态二阶效应,公式表达为(6-4)。

$$\Delta v = \sum_i \sum_j r_{ij}^0 \Delta V_{ij} + \sum_i \sum_j V_{ij}^0 \Delta r_{ij} + \sum_i \sum_j \Delta r_{ij} \Delta V_{ij} \quad (6-1)$$

结构效应　竞争效应　交叉效应

增长效应　市场结构效应　产品结构效应

$$\sum_i \sum_j r_{ij}^0 \Delta V_{ij} = r^0 \Delta V + \left(\sum_i \sum_j r_{ij}^0 \Delta V_{ij} - \sum_i r_i^0 \Delta V_i \right) + \left(\sum_i \sum_j r_{ij}^0 \Delta V_{ij} - \sum_j r_j^0 \Delta V_j \right) + \left\{ \left(\sum_j r_j^0 \Delta V_j - r^0 \Delta V \right) \left(\sum_i \sum_j r_{ij}^0 \Delta V_{ij} - \sum_i r_i^0 \Delta V_i \right) \right\} \quad (6-2)$$

市场和产品交叉效应

$$\sum_i \sum_j V_{ij}^0 \Delta r_{ij} = V_{ij}^0 \Delta r + \left(\sum_i \sum_j V_{ij}^0 \Delta r_{ij} - V^0 \Delta r \right) \quad (6-3)$$

整体竞争效应　具体竞争效应

$$\sum_i \sum_j \Delta r_{ij} \Delta V_{ij} = \left(\frac{v^t}{v^0} - 1 \right) \sum_i \sum_j V_{ij}^0 \Delta r_{ij} + \left[\sum_i \sum_j \Delta r_{ij} \Delta V_{ij} - \left(\frac{v^t}{v^0} - 1 \right) \sum_i \sum_j V_{ij}^0 \Delta r_{ij} \right] \quad (6-4)$$

纯二阶效应　动态二阶效应

其中，v 为某国乳制品贸易额；V 为世界乳制品贸易额；V_i 为 i 贸易国乳制品贸易额，V_j 为世界 j 种乳制品贸易额；V_{ij} 为 i 贸易国的 j 种乳制品贸易额；r 为某国乳制品贸易额占世界乳制品贸易额的比重；r_i 为某国乳制品对 i 贸易对象国的贸易额占 i 贸易对象国乳制品贸易额的比重；r_j 为某国 j 种乳制品贸易额占世界 j 种乳制品贸易额的比重；r_{ij} 为某国 j 种乳制品对 i 贸易对象国的贸易额占 i 贸易对象国 j 种乳制品贸易额的比重；i 和 j 分别表示 i 贸易对象国和 j 种乳制品；Δ 表示从初期 0 到报告期 t 的变动情况。

二、数据说明

本书选取 1998 年至 2017 年联合国贸易数据库，平均分为四个阶段即 1998 年至 2002 年、2003 年至 2007 年、2008 年至 2012 年和 2013 年至 2017 年，商品编号为 HS0401（鲜奶）、HS0402（奶粉）、HS0403（酸乳）、HS0404（乳清）、HS0405（黄油）、HS0406（乳酪）六种乳制品，结合目前世界出口国家和进口国家市场权重，出口国选取新西兰、荷兰、美国分别代表大洋洲、欧洲和北美洲，进口国选取德国和中国分别代表欧洲和亚洲，分别对其乳制品贸易波动效应进行分解研究。

第六章　中国与"一带一路"沿线国家和地区乳业贸易影响因素

第二节　效应分解结果分析

一、新西兰出口效应分解

由表 6-1 可知，1998 年至 2002 年，新西兰乳制品出口额总体呈上升趋势，结构效应占主导地位，贡献率达到 128.90%，增长效应、市场结构效应和产品结构效应带动了新西兰出口额增长；而结构交叉效应使出口额降低了 2.26 亿美元，说明在这一时期新西兰在出口产品与出口市场并没有较好的融合。整体竞争力效应和纯二阶效应均表现为正向作用，贡献率分别为 30.19% 和 4.55%；而具体竞争效应和动态二阶效应阻碍了出口增长，使出口额分别降低了 0.13 亿美元和 1.83 亿美元。2003 年至 2007 年，新西兰乳制品进一步增加 19.99 亿美元，增长效应是其增长的主要动因，贡献率为 86.49%，市场结构效应、结构交叉效应和动态二阶效应负向影响新西兰乳制品出口，整体竞争效应和具体竞争效应都表现正向影响，新西兰在此期间乳制品竞争力较强。2008 年至 2012 年，新西兰乳制品出口额再次表示强劲增长，出口额增长 25.86 亿美元，增长效应的贡献率依然最高（为 68.29%），其次为产品结构效应，贡献率为 42.19%。2013 年至 2017 年，新西兰乳制品出口额呈现下降趋势，虽然结构交叉效应、整体竞争效应、纯二阶效应和动态二阶效应都表现为正向作用，但是与增长效应相比影响力较弱。

总体来看，1998 年至 2017 年，新西兰乳制品出口额呈先升后降变动特征。世界乳制品贸易进口规模的缩小或扩张是新西兰乳制品出口额增长的主要影响要素。中国是新西兰出口的主要贸易国，受 2008 年中国乳制品市场需求增加、中新自贸协定签订以及新西兰主要生产企业恒天然在产品结构和市场结构战略调整影响，新西兰在第三阶段市场结构效应和产品结构效应分别带动出口额增加；天然的优越条件使新西兰乳制品行业整体竞争力持续增加；纯二阶效应和动态二阶效应近年来也逐渐好转，说明新西兰乳制品出口不论是结构变动还是竞争力变动，逐渐适应世界乳制品进口变动需求，逐步促进新西兰乳制品出口，其与新西兰实际贸易情况相符。

表 6-1 1998 年至 2017 年新西兰乳制品出口贸易变动效应分解

单位：亿美元，%

	1998—2002 年		2003—2007 年		2008—2012 年		2013—2017 年	
	贸易额	贡献率	贸易额	贡献率	贸易额	贡献率	贸易额	贡献率
总效应	3.08	100.00	19.99	100.00	25.86	100.00	-5.41	100.00
结构效应	3.97	128.90	16.16	80.84	18.68	72.24	-3.55	65.62
增长效应	1.99	64.61	17.29	86.49	17.66	68.29	-6.06	112.01
市场结构效应	0.8	25.97	-1.85	-9.25	1.43	5.53	-1.09	20.15
产品结构效应	3.44	111.69	11.43	57.18	10.91	42.19	-0.01	0.18
结构交叉效应	-2.26	-73.38	-10.71	-53.58	-11.31	-43.74	3.61	-66.73
竞争效应	0.80	25.97	2.71	13.56	3.50	13.53	-2.54	46.95
整体竞争效应	0.93	30.19	1.38	6.90	5.91	22.85	0.71	-13.12
具体竞争效应	-0.13	-4.22	1.33	6.65	-2.41	-9.32	-3.25	60.07
交叉效应	-1.69	-54.87	1.12	5.60	3.68	14.23	0.68	-12.57
纯二阶效应	0.14	4.55	2.59	12.96	1.36	5.26	0.19	-3.51
动态二阶效应	-1.83	-59.42	-1.48	-7.35	2.32	8.97	0.49	-9.06

数据来源：作者根据模型计算整理。

二、荷兰出口效应分解

由表 6-2 可知，1998 年至 2002 年，荷兰乳制品出口额呈下降趋势，其中动态二阶效应和结构交叉效应是其出口额下降的主要因素，分别引起出口额下降 11.03 亿美元和 9.76 亿美元。2003 年至 2007 年，增长效应引起了荷兰乳制品出口额增长 24.62 亿美元，贡献率高达 221.8%，说明世界乳制品进口需求是荷兰出口增长的主要因素，而整体竞争效应呈反向作用影响荷兰乳制品出口变动，此时荷兰在国际市场中缺乏竞争力，以 68.38% 的力度使荷兰乳制品出口下降 7.59 亿美元。2008 年至 2012 年，荷兰乳制品出口额增长 3.51 亿美元，增长效应以 192.02% 的力度促进乳制品出口额增长了 4.32 亿美元，在此期间，荷兰在国际市场具有强劲的产品竞争力，带动出口额增长 3.92 亿美元，但荷兰整体竞争力拉下了荷兰乳制品出口。2013 年至 2017 年，荷兰乳制品出口呈下降趋势，主要由世界乳制品进口规模缩小引起荷兰乳制品出口额减少 4.13 亿美元，虽然产品结构效应、结构交叉效应、整体竞争效应以及交叉效应分别正向影响荷兰出口额，但与增长效应相比效果微乎其微。

表 6-2　1998 年至 2017 年荷兰乳制品出口贸易变动效应分解　单位：亿美元，%

	1998—2002 年		2003—2007 年		2008—2012 年		2013—2017 年	
	贸易额	贡献率	贸易额	贡献率	贸易额	贡献率	贸易额	贡献率
总效应	-3.76	100.00	11.10	100.00	3.51	100.00	-2.44	100.00
结构效应	11.10	-295.21	24.92	224.50	4.32	123.08	-3.13	128.28
增长效应	0.48	-12.77	24.62	221.80	6.74	192.02	-4.13	169.26
市场结构效应	9.94	-264.36	1.02	9.19	0.99	28.21	-0.32	13.11
产品结构效应	10.44	-277.66	1.50	13.51	-2.34	-66.67	0.48	-19.67
结构交叉效应	-9.76	259.57	-2.22	-20.00	-1.07	-30.48	0.84	-34.43
竞争效应	-3.76	100.00	-6.32	-56.94	1.10	31.34	-0.35	14.34
整体竞争效应	-4.17	110.90	-7.59	-68.38	-2.82	-80.34	1.82	-74.59
具体竞争效应	0.41	-10.90	1.27	11.44	3.92	111.68	-2.17	88.93
交叉效应	-11.10	295.21	-7.50	-67.57	-1.91	-54.42	1.04	-42.62
纯二阶效应	-0.07	1.86	-4.95	-44.59	0.16	4.56	0.02	-0.82
动态二阶效应	-11.03	293.35	-2.55	-22.97	-2.07	-58.97	1.02	-41.80

数据来源：作者根据模型计算整理得到。

总体来看，1998 年至 2017 年荷兰乳制品出口额呈先下降后上升再下降的变动特征。从第二期开始，世界乳制品进口规模的扩张始终是荷兰乳制品出口增长的主要动力；前三段时期市场结构效应保持正向作用，这说明其出口市场主要集中于乳制品进口发展较快国家；产品结构效应在第三期作用方向出现转变，这说明其产品结构效应存在不稳定因素制约荷兰乳制品出口，结构交叉效应和动态二阶效应虽然在前三期一直表现负向影响，但情况逐渐好转，至第四期为正向作用，这说明荷兰在乳制品出口中产品和市场的匹配度逐渐提高，荷兰乳制品出口结构与世界乳制品进口结构变动摩擦减少；整体竞争效应由第四期开始显示正向作用，这说明荷兰乳制品整体竞争力在逐渐增强。

三、美国出口效应分解

由表6-3可知,1998年至2002年,美国乳制品出口额上升0.26亿美元。从第一层分解效应来看,结构效应和竞争效应促进了美国乳制品出口额增长,分别为1.79亿美元和1.60亿美元;交叉效应对美国乳制品出口具有阻碍作用,贸易额降低3.12亿美元。从第二层分解效应来看,结构交叉效应和动态二阶效应具有负向作用,其他效应均具有不同程度的正向影响,说明这一时期美国出口乳制品与出口市场的产品需求具有一定的摩擦。2003年至2007年,美国乳制品出口额增长了14.83亿美元,从第一层分解效应来看,各个效应均呈正向影响,其中结构效应占主要作用,贸易额增长7.55亿美元,贡献率达到50.91%;从第二层分解效应来看,产品结构效应以-146.66%的贡献率使出口额降低21.75亿美元,说明此时美国出口的乳制品种类与世界产品需求匹配度不高。2008年至2012年的各个效应对出口增长的影响作用与1998—2002相同,但是程度上有所不同,总效应增长了7.31亿美元,其中结构效应占主导地位,贡献率达到了194.39%。2013年至2017年,美国乳制品出口额呈下降趋势,其中整体竞争效应是阻碍美国乳制品出口额增长的主要因素,说明美国在这一时期乳制品缺乏竞争力,但是产品结构效应、纯二阶效应和动态二阶效应在一定程度上促进了出口额的增长,与整体竞争效应相比作用较弱,贡献率分别为-42.2%、-5.07%和-1.44%。

表6-3 1998—2017年美国乳制品出口贸易变动效应分解情况

单位:亿美元,%

	1998—2002年		2003—2007年		2008—2012年		2013—2017年	
	贸易额	贡献率	贸易额	贡献率	贸易额	贡献率	贸易额	贡献率
总效应	0.26	688.46	14.83	100.00	7.31	100.00	-10.45	100.00
结构效应	1.79	3.85	7.55	50.91	14.21	194.39	-2.03	19.43
增长效应	0.01	284.62	4.06	27.38	3.89	53.21	-2.75	26.32
市场结构效应	0.74	615.38	1.8	12.14	5.35	73.19	-1.74	16.65
产品结构效应	1.6	-215.38	-21.75	-146.66	7.69	105.20	4.41	-42.20

第六章 中国与"一带一路"沿线国家和地区乳业贸易影响因素

续表

	1998—2002 年		2003—2007 年		2008—2012 年		2013—2017 年	
	贸易额	贡献率	贸易额	贡献率	贸易额	贡献率	贸易额	贡献率
结构交叉效应	-0.56	611.54	23.44	158.06	-2.72	-37.21	-1.95	18.66
竞争效应	1.59	96.15	4.03	27.17	5.17	70.73	-9.1	87.08
整体竞争效应	0.25	515.38	6.12	41.27	3.01	41.18	-8.17	78.18
具体竞争效应	1.34	-1200.00	-2.09	-14.09	2.16	29.55	-0.93	8.90
交叉效应	-3.12	0.00	3.25	21.92	-12.07	-165.12	0.68	-6.51
纯二阶效应	0.00	-1200.00	3.06	20.63	0.7	9.58	0.53	-5.07
动态二阶效应	-3.12	688.46	0.19	1.28	-12.77	-174.69	0.15	-1.44

数据来源：作者根据模型计算整理得到。

总体来看，1998 年到 2017 年美国乳制品出口额呈先升后降的发展趋势。增长效应、市场结构效应和整体竞争效应持续与总效应作用方向一致，是美国乳制品出口额增长的主要原因，说明世界乳制品需求递增带动了美国乳制品出口额，美国出口乳制品种类与世界乳制品需求相一致，出口市场主要集中于乳制品发展迅速国家。虽然交叉效应作用方向发生两次转变，但纯二阶效应一直都表现为正向作用，表明随着世界乳制品进口需求的持续增加，美国乳制品出口竞争力相对在不断的增强，推动了美国乳制品出口增长，而动态二阶效应作用方向的转变也说明美国乳制品出口结构与世界乳制品进口需求未能完全融合，需要调整优化。

四、德国进口效应分解

由表 6-4 可知，1998 年至 2002 年，虽然竞争效应正向影响德国进口额上涨 2.47 亿美元，但与结构效应和交叉效应总影响力相比较弱，使德国总进口额下降了 0.33 亿美元。2003 年至 2007 年，增长效应在德国乳制品进口额增长中占主导地位，贡献率高达 128.96%，而市场结构效应、产品结构效应和结构交叉效应分别拉下了德国乳制品进口额 2.42 亿美元、1.67 亿美元和 4.85 亿美元。2008 年至 2012 年，德国乳制品进口额出现下降趋势，整体竞争效应是引起进口额下降的主要影响因素，贡献率达到 342%，其次是产品结构效应，贡献率为 121.2%，而增长效应和具体竞争效应促进了德国乳制品进口额的增长,但影响力相对较弱。2013 年至 2017 年,整体竞争效应以 447.83% 的贡献率使德国乳制品进口额增长 10.3 亿美元,结合增长效应、具体竞争效应等影响,最后促进贸易总额增长 2.3 亿美元,在此期间,市场结构效应、产品结构效应和结构交叉效应也促进贸易额分别增长 2.48 亿美元、3.05 亿美元和 1.28 亿美元。

表 6-4 1998 年至 2017 年德国乳制品进口贸易变动效应分解   单位:亿美元,%

	1998—2002 年		2003—2007 年		2008—2012 年		2013—2017 年	
	贸易额	贡献率	贸易额	贡献率	贸易额	贡献率	贸易额	贡献率
总效应	-0.33	100.00	23.10	100.00	-2.5	100.00	2.30	100.00
结构效应	-1.72	521.21	20.85	90.26	2.68	-107.20	-0.20	-8.70
增长效应	-0.86	260.61	29.79	128.96	6.94	-277.60	-7.01	-304.78
市场结构效应	-0.16	48.48	-2.42	-10.48	-0.23	9.20	2.48	107.83
产品结构效应	-0.68	206.06	-1.67	-7.23	-3.03	121.20	3.05	132.61
结构交叉效应	-0.02	6.06	-4.85	-21.02	-1.00	40.00	1.28	55.65
竞争效应	2.47	-748.48	-0.25	-1.08	-4.94	197.60	3.07	133.48
整体竞争效应	0.55	-166.67	-3.79	-16.41	-8.55	342.00	10.30	447.83
具体竞争效应	1.92	-581.82	3.54	15.32	3.61	-144.40	-7.23	-314.35
交叉效应	-1.08	327.27	2.50	10.82	-0.24	9.60	-0.57	-24.78
纯二阶效应	-0.07	21.21	-0.19	-0.82	-0.51	20.40	-0.29	-12.61
动态二阶效应	-1.01	306.06	2.69	11.65	0.27	-10.80	-0.28	-12.17

数据来源:作者根据模型计算整理。

总体来看,1998 年至 2017 年,德国乳制品进口额变动呈"W"形特征。作为原料奶主产国之一的欧盟国家,世界乳制品供给和竞争力是影响乳制品进口额变动的主要因素。2009 年德国调整国内乳制品消费和进口量,同时欧盟启动的乳制品出口补贴政策带动了德国乳制品出口,使德国在第三阶段进口出现递减。市场结构效应和产品结构效应在第四阶段主要呈正向影响作用,说明德国在此阶段不论是乳制品进口市场选择还是进口产品,都是比较集中于发展较快的市场和产品。纯二阶效应持续负向作用表明德国乳制品持续具有相对国际市场乳制品更强的竞争力,阻碍了德国乳制品进口额的增长。

五、中国进口效应分解

由表6-5可知，1998年至2002年，中国乳制品进口额增长了1.83亿美元，增长效应、结构交叉效应、具体竞争效应和纯二阶效应表现为负向作用，而市场结构效应、产品结构效应、整体竞争效应和动态二阶效应呈现正向作用，其中整体竞争效应引起的中国乳制品进口额增加1.91亿美元，贡献率达到104.37%。2003年至2007年，中国乳制品进口额进一步增长4.03亿美元，增长效应和结构交叉效应由负向作用转为正向作用，其中增长效应拉动进口额增长2.59亿美元，贡献率最高为64.27%；而产品结构效应和动态二阶效应由正向作用转为负向作用，分别使进口额降低了0.27亿美元和0.07亿美元。2008年至2012年，中国乳制品进口额进一步增加23.5亿美元，具体竞争效应显示负向作用，各个效应均呈现正向作用，其中整体竞争效应占主导地位，贡献率高达87.32%。2013年至2017年，中国乳制品进口呈现下降趋势，其中：增长效应引起的进口额下降为主要原因，使进口额下降了4.96亿美元；次要原因市场结构效应，引起进口额下降4.12亿美元。与此相反，竞争效应和动态二阶效应带动了进口额的增长，分别为4.38亿美元和3.54亿美元。

表6-5 1998年至2017年中国乳制品进口贸易变动效应分解　　单位：亿美元,%

	1998—2002年		2003—2007年		2008—2012年		2013—2017年	
	贸易额	贡献率	贸易额	贡献率	贸易额	贡献率	贸易额	贡献率
总效应	1.83	100.00	4.03	100.00	23.5	100.00	-3.64	100.00
结构效应	0.13	7.10	4.30	106.70	2.66	11.32	-11.14	306.04
增长效应	-0.02	-1.09	2.59	64.27	0.88	3.74	-4.96	136.26
市场结构效应	0.09	4.92	0.89	22.08	0.90	3.83	-4.12	113.19
产品结构效应	0.11	6.01	-0.27	-6.70	0.69	2.94	-0.64	17.58
结构交叉效应	-0.05	-2.73	1.09	27.05	0.19	0.81	-1.42	39.01
竞争效应	1.31	71.58	-0.11	-2.73	14.24	60.60	4.38	-120.33
整体竞争效应	1.91	104.37	0.81	20.10	20.52	87.32	1.47	-40.38

续表

	1998—2002 年		2003—2007 年		2008—2012 年		2013—2017 年	
	贸易额	贡献率	贸易额	贡献率	贸易额	贡献率	贸易额	贡献率
具体竞争效应	-0.60	-32.79	-0.92	-22.83	-6.28	-26.72	2.91	-79.95
交叉效应	0.39	21.31	-0.16	-3.97	6.60	28.09	3.12	-85.71
纯二阶效应	-0.04	-2.19	-0.09	-2.23	1.46	6.21	-0.42	11.54
动态二阶效应	0.43	23.50	-0.07	-1.74	5.14	21.87	3.54	-97.25

数据来源：作者根据模型计算整理。

总体来看，1998 年至 2017 年，中国乳制品进口额呈"先增后降"变化特征。世界乳制品供给和国内乳制品需求的增加，拉动了中国乳制品进口迅速增长，2001 年中国加入 WTO 后，虽然中国乳制品贸易扩张，但是并不具备整体竞争力，同时，产品结构效应的作用方向出现了两次变化，说明中国乳制品进口产品结构具有不稳定因素。2008 年，中国受三聚氰胺事件影响，中国国内乳业低迷、乳制品进口激增，中国乳业竞争力进一步下降，使中国乳制品进口额强劲上升，特别是从新西兰进口大包粉，严重挤压了国内市场份额。2014 年至 2015 年，原奶主产国受天气影响，世界乳制品供给短缺，整体贸易规模的缩小是中国乳制品进口额降低的主要原因；动态二阶效应表明中国乳制品在乳制品出口快速增长的市场进口增速较快，新西兰是中国乳制品主要进口国，中新自贸协定的签订也促进了中国乳制品进口快速增长。

第三节 中国乳制品企业对外直接投资对贸易的影响

在经济全球化发展的推动下,中国乳业国际化发展进入了新常态、新趋势。目前,中国乳业国际化发展通过国外资本与巨头涌入中国国内市场和中国国内乳制品企业海外投资两种途径实现,通过引进来政策做到外企资本入驻,"走出去"政策进行中国国内企业对外直接投资。事实上,自从中国加入 WTO 以来,外资乳制品企业通过直接投资、入股等形式已经进入中国市场,三聚氰胺事件更是为外资入驻提供了更好的契机,同时中国乳制品企业实际利用外资完善了中国乳业的全产业链,从奶牛的种质资源入手提高单产到利用先进的技术研发多元化乳制品,从资本的入驻到品牌入驻,不仅改变了中国乳业的生产结构,也促进了消费者需求结构转型。但在"走出去"方面仍然处于发展初期,光明乳业收购新莱特51%股权拉开序幕,在"一带一路"倡议的推动下,中国乳业加大了海外投资力度并以收购、在建等形式布局海外市场。中国乳制品企业 OFDI 的行为定会给国内乳业结构带来一定的影响,国内利用国外的优势资源弥补乳业发展的不足,学习先进经营理念和科学技术提升中国乳业竞争力,那么中国乳业贸易格局势必会发生改变。基于此,中国乳业对外直接投资与乳业国际贸易的关系是怎样的、对外投资对贸易是否从带来正面效应等引定思考。因此,本部分先分析目前中国乳制品企业对外投资的发展现状,进一步从东道国的角度出发,研究乳制品企业 OFDI 的区位选择的影响因素,力求发现适合中国乳制品企业发展的东道国。在此基础上,运用 VAR 模型简单分析对外投资与国际贸易的关系。

一、中国乳制品企业 OFDI 发展概况

1. 乳制品企业 OFDI 规模扩大

总体来看,中国乳制品企业 OFDI 的总规模呈波动式扩张(见图 6-1)。

从 2010 年光明乳业收购新莱特 51% 的股权开始,中国乳制品企业 OFDI 的规模逐渐扩大,伊利、蒙牛、贝因美等大型乳制品企业纷纷开拓海外市场,从奶源、生产加工、销售等全产业链逐渐推进。从年度投资流量上来看,与 2010 年相比,2018 年中国乳制品企业 OFDI 规模增长将近 4 倍。在"一带一路"倡议的带动下,2014 年中国乳制品企业对外投资流量第一次达到峰值,乳制品企业对外投资进入高潮期。从 2010 年至 2018 年乳制品企业总体发展过程来看,中国乳制品企业 OFDI 的规模呈现波动变化,但从年度存量数据来看,中国乳制品企业 OFDI 的发展规模放缓(见图 6-1)。中国乳制品企业从高速发展转型为中高速发展,从速度型转为质量型。同时,其海外子公司逐渐适应市场环境,稳定运营,逐步向高质量、名品牌的国际化乳制品企业迈进。

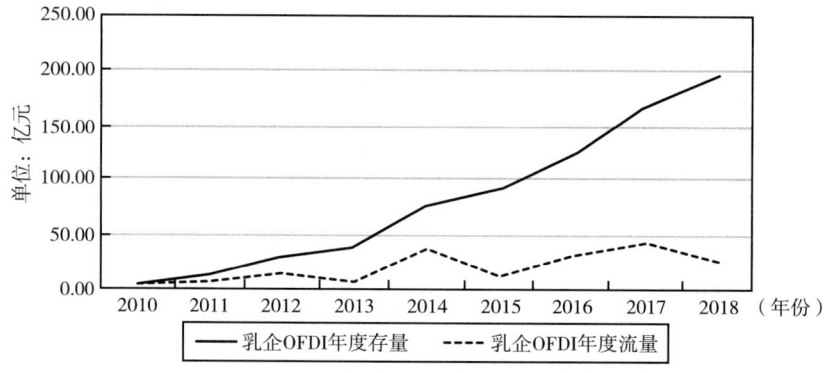

图 6-1 2010 年至 2018 年中国乳制品企业 OFDI 规模情况

数据来源:作者根据各企业年报整理。

2. 乳制品企业 OFDI 的区位选择集中度趋高

中国乳制品 OFDI 对区位的选择上集中度较高,各个乳制品企业对国家的选择上也具有相似性。乳制品企业大都聚集在澳大利亚、新西兰、爱尔兰、荷兰、德国和美国等乳业发达且自然资源相对丰富的国家。本书选取了澳大利亚、新西兰、爱尔兰和荷兰,对比分析中国乳制品企业对各国的 OFDI 的规模,从图 6-2 中可以看出,中国乳制品企业对新西兰的投资金额始终高于其他国家,主要投资企业有伊利、光明和蒙牛(包括雅士

第六章 中国与"一带一路"沿线国家和地区乳业贸易影响因素

利),经过几年发展,中国乳制品企业在新西兰的发展基本处于稳定状态,2017年中新签署《中华人民共和国政府和新西兰政府关于加强"一带一路"倡议合作的安排备忘录》,预期其投资额将会进一步增加;其次为澳大利亚,但2018年对新西兰的投资金额比对澳大利亚的投资金额高3倍,且对澳大利亚的投资额于2015年和2016年呈爆发式增长,企业主要有三元和澳优,其中三元乳业仅开展了对澳大利亚的海外布局;虽然对荷兰的投资额不高,但2010年至2018年其投资额处于稳定增长状态,且2017年增加将近1倍的投资量,主要投资企业为澳优;对爱尔兰的投资主要是以贝因美开展进行,其分公司近年来运营稳定。

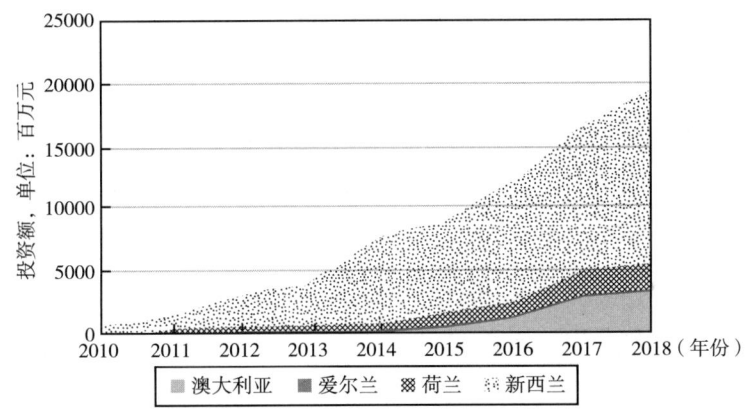

图6-2 2010年至2018年中国乳制品企业OFDI区位投资金额情况

数据来源:作者根据各企业年报整理得到。

基于以上分析,可以看出中国乳制品企业对外海外市场的划分明确,从乳制品企业对海外市场区位选择的单一性说明中国乳制品企业OFDI依然处于发展初期,且资源禀赋是海外市场的同质特性。此外,伊利乳业在早期对德国、美国和印度尼西亚进行了小规模的投资,考虑到德国分公司的经营状况以及负盈利状态,2015年注销德国分公司。2018年收购了泰国最大冰淇淋公司96.46%的股权,开拓东南亚市场。事实上,中国大部分乳制品企业通过在海外注册投资公司进行乳制品加工生产、贸易等业务,其业务范围延伸到丹麦、新西兰、澳大利亚等其他海外市场。

3. 乳制品企业面临的投资壁垒

中国对外开放程度逐渐加深，双边的贸易政策、投资环境以及合作方式等也随之改变，中国乳制品企业在境外发展过程中出现"水土不服"的现象不可避免，东道国的政治、社会、自然环境等与中国乳制品企业不协调增加投资风险，进而造成经济损失，延缓中国乳制品企业全球乳业布局规划。虽然外资企业进入国内市场会增加本土人民的福利，也促进了同行业的竞争，对新技术和技能也相互促进学习，但是政府为保护本土企业，也会出台相应的法律法规限制外企发展。因此，对目前乳制品企业可能会遇到的投资壁进行阐述。

一是行业准入壁垒。行业准入壁垒是外资准入壁垒的主要表现形式[9]。为促进本土产业竞争和发展，各国以外国投资形式引进新技术和技能，扩张海外市场，但同时为了保护本土行业发展，各国政府对不同行业设置了相应的政策。在乳业方面，虽然澳大利亚政府未对中方企业设置限定政策，但仍希望乳制品企业以参股的方式加入，外商投资审查委员会对控股方式加入的企业花费相对长时间审核，无形中增加了投资成本，同时给收购进度带来了不确定性。另外，澳大利亚部分企业为了保护自身利益，利用当地政府和商界的广泛影响力，对中方投资暗中掣肘或设置障碍。德国没有明确的限制条件和法律法规；美国也保持着中立态度，各联邦政府也不出台针对特定地点、特定行业的优惠政策，但美国相关联邦、州及地方法律法规涉及反垄断、并购、工资和社会保障、环保和健康安全方面等的内容。

二是经营壁垒。乳业经营壁垒主要涉及生产要素使用限制和文化交流壁垒，其中乳业生产要素限制主要从土地资源的限制和劳工准入限制两个方面进行分析。

在土地方面，澳大利亚政府限定购买土地不能贷款，必须资金自有或者拥有合伙人，同时要收取相应的地价税和服务费，虽然外国公民拥有土地所有权，但是在开发期限上具有一定限制。与澳大利亚相比，德国在此方面具有良好的投资环境，德国政府对外资获得土地所有权和使用权以及

第六章 中国与"一带一路"沿线国家和地区乳业贸易影响因素

使用年限均没有特殊规定,与本国企业享受同等待遇。美国只允许出售外资私人土地,但必须记录在案并缴纳足够的税金。

在劳工准入方面,各国政府的规定具有一致性,为了保证本国的公民就业率,所有职位必须确保本国公民不具备相应的符合岗位要求的职能,才可以从外地招聘引进人才或者申请外派来本地工作。其中德国优先考虑欧盟籍劳工就业,对非欧盟国劳工进入德国市场始终保持着排斥的态度;而澳大利亚通常需要雇主在当地市场发布三个月以上的广告无果后才可办理外派来澳大利亚的签证,给两国人才交流和企业拓展业务都带来了一定程度的障碍。

三是绿色壁垒。生态可持续发展趋势已在全球展开,而乳业无论是在上游还是中游,在生产过程中对环保的要求具有相对较高的标准,包括养殖过程中粪污处理,生产加工过程中排污系统等,外国的相关法律标准高、执行严,基础设施建设等方面的环境成本相应较高,因此在投资过程中要具有充分的预期。

二、模型构建和指标选取

1. 模型构建

在"一带一路"倡议不断推进的背景下,中国乳制品企业推进全球化布局,在海外 OFDI 区位选择与投资规模如何受东道国上述因素的影响就显得尤为重要。投资诱发要素理论指出,东道国的自然资源丰富直接影响投资国企业的投资行为,良好的政治环境也间接地影响企业投资意向,并具有一定积极影响和促进作用。目前,大多数学者对投资区位的研究中主要从东道国的制度、经济和资源禀赋(自然资源和战略资源)三个方面思考(王金波,2019)[73]。在制度方面,良好的制度环境可以减少企业投资成本、提高生产效率、降低风险和投资的不确定性,Kang 和 Jiang(2012)[74]也提出了中国在东亚和东南亚的投资时受经济和制度两个因素共同作用,但制度因素更为重要;Buckley[75]等认为,经济自由度较高、制度环境较好的国家对中国企业更加具有吸引力。在经济方面,东道国的发展水平太低和过于贫困会制约对外投资的市场机会，东道国市场规模是影响中国 OFDI 的显著因素（Buckley et al.，2007）[75]，王丰龙、司月芳（2019）[76]也认为，东道国的 GDP 对中国在"一带一路"沿线国家的投资有着重要作用。在政治方面，紧密的政治关系可以在一定程度上降低企业的投资壁垒，王金波认为良好的双边政治关系可以激励中国企业对"一带一路"沿线国家和地区进行投资。

基于以上理论分析，提出下列假设条件：

假设 1：中国乳制品企业更加倾向于经济规模较大的东道国。

假设 2：东道国的政治稳定、法制保护程度高对中国乳制品企业 OFDI 规模具有正向作用。

假设 3："一带一路"倡议对中国乳制品企业 OFDI 具有正向激励和促进作用。

假设 4：中国乳制品企业更加倾向于乳业自然资源丰富的东道国。

基于以上理论假设，构建回归模型：

$$FET_{i,t} = \alpha_0 + \beta_i \times FE_{i,t} + \gamma_i \times IS_{i,t} + \theta_i \times Controls_{i,t} + \in_{i,t} \quad (6-5)$$

式（6-5）中，α_0 表示常数项，FET 表示中国乳制品企业对外直接投资规模，FE 表示东道国要素禀赋，IS 表示东道国制度环境，$Controls$ 表示一系列控制变量，$\in_{i,t}$ 表示随机误差项。通过对式（6-5）中各变量进行拓展，修正模型为式（6-6）。

$$\text{Ln } OFDI = \alpha_0 + \beta_1 NR + \beta_2 TAX + \beta_3 LAW + \beta_4 RES + \beta_5 \ln GDP + \beta_6 PRISK + \beta_7 BR + \beta_8 DIST \quad (6-6)$$

其中，各变量代表符号含义见表 6-6，其中 β_i 为待估参数。

2. 指标选取

基于 2010 年至 2018 年中国乳制品企业 OFDI 年度国别存量数据，主要通过对中国代表性乳制品企业（三元、光明、伊利、澳优、贝因美和蒙牛，由于雅士利于 2013 年被蒙牛收购，因此本书中雅士利乳业年报数据汇总至蒙牛乳业）年报、公告进行梳理。对各变量名称、数据来源以及经济含义解释如表 6-6 所示。

第六章　中国与"一带一路"沿线国家和地区乳业贸易影响因素

表 6-6　　　　　　　变量解释及数据来源说明

变量类型	代理变量及符号	数据来源	经济含义
被解释变量	中国乳制品企业对外直接投资年度国别存量（LnOFDI）	上市公司年报、协会及行业数据	中国乳制品企业OFDI的总体规模
解释变量	乳业自然资源禀赋（NR，该国牛奶产量）	knoema数据库	乳业自然资源越丰富，更加吸引外资进入本土市场
	税收比率（TAX，该国总税收占GDP比率）	世界银行	税收比例越高，说明一国的经济运行质量高，也越能吸引外资
	法制保护程度（LAW，该国对产权等法律保护的健全指数）	全球竞争力报告	法制保护程度越高，越吸引外资
	外商开放程度（RES，该国对外直接投资流量占GDP比率）	世界银行	外商开放程度越高，越吸引外资
控制变量	经济/市场规模（LnGDP，GDP自然对数）	世界银行	一般来说，企业投资更加倾向于市场规模比较大的区域
	政治风险（PRISK，该国政治稳定性和无暴力/恐怖主义指数）	全球治理指数数据库	政治风险越低，越能吸引外资
	"一带一路"倡议虚拟变量（B&R，year>2013时为1，否则为0）	—	"一带一路"倡议增加了投资者的积极性
	区位固定效应（DIST，欧洲=0、北美洲=1、大洋洲=2、亚洲=3、非洲=4）	—	—

三、影响因素实证分析

1. 序列平稳性检验

为了避免出现伪回归现象，从而影响结果的准确性，本部分利用 LLC、IPS、ADF-FCS 和 PP-FCS 四种方法对原始序列进行单位根检验，发现四种检验结果 P 值均小于 0.01，在 1% 的置信水平下一致拒绝原假设（见表 6-7），说明原序列平稳，可以进一步分析。

2. 协整检验

根据单位根检验结果表明，原序列变量之间同阶单整，进而对其进行

Kao 残差协整检验（Kao Residual Cointegration Test），其中将不随时间变化变量剔除，对剔除后的序列进行协整检验。由表 6-8 可知，T 统计量为 -2.327，P 值为 0.010，在 1% 置信水平下拒接原假设，说明 LnOFDI、LnGDP、PRISK、NR、TAX、RES、LAW 以及 B&R 之间存在长期稳定均衡关系，其方程回归残差是平稳的，因此可以在此基础上直接对原方程进行回归。

表 6-7　　　　　　　原始序列平稳性检验情况

	T 统计量	P 值
LLC	-16.149	0.0000
IPS	-5.164	0.0000
ADF - FCS	200.752	0.0000
PP - FCS	194.566	0.0000

数据来源：Eviews8.0 输出结果。

表 6-8　　　　　　　序列长期因果关系检验情况

ADF	T 统计量	P 值
	-2.327	0.010
Residual variance	48.833	—
HAC variance	13.677	—

数据来源：Eviews8.0 输出结果。

3. 回归方程结果分析

由于本书是通过研究不同国别对乳制品企业 OFDI 的影响，对于不随时间改变的虚拟变量，固定效应无法估计，因此本书建立混合效应模型。在解释变量的基础上，单一、逐渐加入控制变量，发现四种回归结果的拟合优度在 0.98 以上，结果见表 6-9。

表 6-9　　　　　　　回归方程结果

	回归结果（1）	回归结果（2）	回归结果（3）	回归结果（4）
C	-44.639*** (-12.485)	-40.607*** (-10.546)	-39.065*** (-34.696)	-72.173*** (-8.884)

第六章　中国与"一带一路"沿线国家和地区乳业贸易影响因素

续表

	回归结果（1）	回归结果（2）	回归结果（3）	回归结果（4）
NR	1.011 *** (6.856)	0.960 *** (6.765)	1.146 *** (32.086)	0.202 (1.541)
TAX	0.830 *** (27.520)	0.839 *** (29.701)	0.791 *** (405.016)	1.037 *** (24.194)
RES	0.162 *** (4.094)	0.133 *** (2.877)	0.120 *** (10.060)	0.138 ** (2.225)
LAW	3.588 *** (18.852)	3.124 *** (15.821)	2.131 *** (56.945)	1.568 *** (4.632)
DIST	3.273 *** (5.406)	2.809 *** (4.596)	2.830 *** (14.614)	2.883 *** (3.900)
B&R		0.370 *** (3.583)	0.696 *** (30.220)	0.565 *** (3.468)
PRISK			1.854 *** (44.602)	2.024 *** (4.075)
LnGDP				1.699 *** (6.920)
R^2	0.975	0.981	0.999	0.979
F – statistic	521.991 ***	559.011 ***	80106.05 ***	385.300 ***

数据来源：Eviews8.0 输出结果，注：***、**分别表示在 1%、5% 的置信水平拒接原假设，括号中为 t 值。

第一，将 DIST、B&R、PRISK 和 LnGDP 分别引入模型，只有 DIST 这一变量引入后，模型结果显示各个解释变量均在 1% 的检验水平下显著（回归结果 1）。东道国的自然禀赋、税收比例、外商开放程度和法制保护程度对乳制品企业 OFDI 的规模发展起到正向效应，与预期的模型结果一致，说明固定区位效应对中国乳制品企业 OFDI 的发展具有推进作用。另外，固定区位效应与法制保护程度对乳制品企业 OFDI 的影响程度相差不大。

第二，在回归结果（1）的基础上，分别引入 PRISK 和 B&R 变量，结果显示各个变量均在 1% 的检验水平下显著，考虑本书的研究重点，因此选取了 B&R 变量。与回归结果（1）对比分析发现，"一带一路"倡议弱化了法制保护程度和区位固定效应对乳制品企业 OFDI 规模的正向影响作用,推动了中国乳制品企业 OFDI 的发展进程,鼓励了乳制品企业 OFDI 的积极性,深化中国乳制品企业全球布局。

在回归结果(3)中,增加 PRISK 变量后,"一带一路"倡议对中国乳制品企业 OFDI 的推进作用增强,但是法制保护程度对其影响力被减弱。可以解释为国家政治稳定可以降低社会暴乱发生率,国家政治、法律法规也相对稳定,因此在对外投资过程中乳制品企业会降低对法制保护程度的要求。同时,政治稳定有利于东道国产业有序进行,奶源供给、生产加工、市场秩序等都会在一定程度上可持续发展。政治稳定性和法制保护程度高给乳制品企业带了更多的信息和保障。在增加经济规模这一变量后,自然禀赋对乳制品企业 OFDI 的影响显示不显著。税收比率和政治稳定性对乳制品企业 OFDI 的影响力也略微增强,但法制保护程度的影响力由 2.131 降低为 1.568。东道国的外商开放程度显示在 5% 的水平下显著(见回归结果(3)与回归结果(4))。

综合分析,东道国的制度环境和自然环境对乳制品企业 OFDI 的发展规模具有不同程度的影响。国家对外商的开放程度和法制保护程度越高越吸引外资注入,国家的税收占国家 GDP 的比率越高,说明国家经济环境有利于商业经营。国内生产总值高说明国家具有一定的市场潜力。"一带一路"倡议的提出,加速中国乳制品企业的海外发展。这些因素都对中国乳制品企业 OFDI 产生正向效应。

四、乳制品企业对外直接投资与乳业贸易的关系

国际贸易和国际投资是国际经济活动的基本形式,随着经济全球化的发展,两者对经济增长的贡献日趋显著,贸易与投资之间的关系日益紧密。国际直接投资在近年来得到了迅猛发展,这对世界贸易的发展起到了促进作用。美国学者德鲁克在《从世界贸易到世界投资》中指出,世界贸易对国际投资的依赖性日益增强,而且当代国际贸易的主要特征是产业内贸易和公司贸易的迅速发展,跨国企业内部以及跨国企业之间的贸易成为当今世界贸易的重要组成部分。

第六章 中国与"一带一路"沿线国家和地区乳业贸易影响因素

目前,有学者认为,从发达国家的发展进程看,在对外贸易发展到一定阶段之后,海外直接投资才得到进一步的发展。在国际化的进程中,对外贸易是作为促进经济增长的措施。在对外贸易依存度达到一定水平后,海外直接投资才与对外贸易一起充当经济增长点,海外投资就会得到快速发展,海外投资的依存度明显提高(宫宇娟,2013)[77]。

关于海外投资与贸易的关系研究主要有两个典型的观点:一是由 Mundell、R. A. (1957)[78] 提出的贸易投资替代理论。Mundell、R. A. 认为贸易与 FDI 之间具有替代性。二是由日本学者小岛清在 Mundell 模型的基础上拓展的贸易互补论(即 FDI 创造贸易)。他指出 FDI 可以在投资国与东道国之间创造新的贸易机会,提高东道国出口产品的效率,刺激本国的进口,从而使贸易规模不断扩大。基于以上两种观点,大部分学者运用不同的分析方法研究对某一产业的海外投资对相对应产业的国际贸易出口的影响,其中部分研究认为对外投资会促进贸易出口是发展中国家的出口"催化剂",FDI 更倾向于面向出口的生产,而不是面向东道国市场的生产(Lipsey,1981)[79]。那么,带动出口的原因有两个方面:一是直接效应,即 FDI 企业自身的出口带动东道国的出口;二是间接效应,即 FDI 通过对本地企业的带动而促进其出口的作用(Caves,1996)[80]。但是,从目前中国乳业贸易情况来看,中国乳制品企业对外直接投资对出口贸易产生的效应并不显著,进口贸易增长趋势明显。那么,对于中国面对及其低的竞争力,对外投资与进口贸易是否有关?参考出口贸易与投资关系的研究方法,本小节对中国乳制品企业对外直接投资与进口贸易的关系展开分析。

1. 数据说明

本部分数据主要包括上文提及的中国乳制品企业对外直接投资数据、中国乳业国家进出口贸易数据。由于中国乳制品企业对外直接投资时间相对较短且目标国数量较少;中国乳制品企业对外直接投资的目标国均为乳业发达国家,就目前中国乳业出口贸易情况出口贸易数据存在缺失情况、不改变进出口贸易格局的情况而完善中国乳业贸易局面,因此笔者主要探讨对外直接投资与进口贸易之间相互作用关系,进而优化中国乳业贸易格局。

2. 结果分析

（1）序列平稳性检验。为了避免出现伪回归现象，从而影响结果的准确性，本部分利用 LLC、IPS、ADF-FCS 和 PP-FCS 四种方法对原始序列进行单位根检验，发现四种检验结果 P 值均小于 0.01，在 1% 的置信水平下一致拒绝原假设（见表 6-10），说明原序列平稳，可以进一步进行分析。

表 6-10　　　　　　　原始序列平稳性检验情况

	T 统计量	P 值
LLC	-15.824	0.0000
IPS	-7.950	0.0000
ADF-FCS	42.737	0.0001
PP-FCS	50.500	0.0000

数据来源：Eviews8.0 输出结果。

（2）协整检验。根据单位根检验结果表明，原序列变量之间同阶单整，进而对其进行 Kao 残差协整检验（Kao Residual Cointegration Test），其中将不随时间变化变量剔除，对剔除后序列进行协整检验。由表 6-11 可知，T 统计量为 -2.467，P 值为 0.0068，在 1% 置信水平下拒接原假设，说明 LnOFDI 和 LnY 之间存在长期稳定均衡关系，其方程回归残差是平稳的。

表 6-11　　　　　　　序列长期因果关系检验情况

ADF	T 统计量	P 值
	-2.467	0.0068
Residual variance	0.099	—
HAC variance	0.105	—

数据来源：Eviews8.0 输出结果。

（3）Granger 因果检验。通过 Granger 因果检验方法，进一步说明中国乳制品企业对外直接投资与进口贸易的因果关系。结果如表 6-12 所示，

第六章　中国与"一带一路"沿线国家和地区乳业贸易影响因素

可以看出在5%的显著水平下,乳制品企业对爱尔兰和荷兰的海外直接投资是乳业进口的格兰杰原因。中国乳制品企业在爱尔兰和荷兰的海外投资行为促进了中国从爱尔兰和荷兰的乳制品进口贸易,其原因可能存在两点:一方面,爱尔兰和荷兰均为乳业发达国家,产品物美价廉,在乳业国际贸易中占有领先优势,竞争力较强;另一方面,作为参与海外投资的乳制品企业,毋庸置疑为国内具有竞争力且具有高知名度品牌,在进口过程中出于降低成本、加强海外布局、强化与海外的关系,具有海外投资的贸易国是乳制品企业的第一选择。对爱尔兰和荷兰来说,这是投资推动型出口贸易。在10%的显著水平下,中国从澳大利亚进口乳制品是乳制品企业对澳大利亚海外投资的Granger原因。中国从澳大利亚进口乳制品能够使乳制品企业更加倾向选择澳大利亚进行投资。这可能是因为澳大利亚与中国签订的自由贸易协定,能够大大降低关税壁垒以及投资壁垒;再有就是人文原因,为了投资项目的顺利进行,与澳大利亚稳定的合作关系是乳制品企业重点考虑的因素之一。而从新西兰进口与对新西兰直接投资不具有Granger因果关系,两国既不属于投资推动型贸易、也不具有出口导向型投资,可能意味着两国对外直接投资与贸易的潜在作用尚未得到充分发挥。

表 6-12　　　　　　　　Granger 因果检验情况

Granger 因果检验		澳大利亚	爱尔兰	荷兰	新西兰
原假设	投资不是进口的原因	0.5678 (0.761)	0.0258** (37.710)	0.0496** (19.175)	0.7003 (0.428)
	进口不是投资的原因	0.0514* (18.449)	0.5596 (0.787)	0.7379 (0.355)	0.1824 (4.484)

注:** 表示5%的显著水平下拒绝原假设;* 表示10%的显著水平下拒绝原假设;表格中括号内数字为T统计量。

第四节 基于引力模型的影响因素分析

除了中国乳制品企业 OFDI 对中国乳业贸易带来效应外,贸易伙伴国的政治环境、经济环境、制度环境、交易国的文化差异性等都有直接或间接的影响。而哪些因素具有正向积极效应、哪些因素具有阻碍作用,需要进一步研究,以便得到更好的解决方案、促进中国与"一带一路"沿线国家的贸易关系发展、降低中国乳制品对单一进口国的依赖度。基于此,本部分通过构建扩展引力模型,进而求出中国与"一带一路"沿线国家和地区的发展潜力。

一、模型构建

传统的引力模型源自牛顿万有引力定律,Tinbergen(1962)最早将其应用于国际贸易研究中,他认为国家间的贸易流量与 GDP 和距离息息相关。经过学者长期实证分析,发现人口数量、汇率、自由贸易区、边界等均对国家间的贸易流量产生影响。传统引力模型的一般形式为:

$$Y_i = A(GDP_i GDP_j \div D_{ij}) \qquad (6-7)$$

其中,A 为比例系数,GDP_i、GDP_j 分别为 i 国、j 国的 GDP(代表经济发展水平),D_{ij} 为 i 国、j 国之间的距离(代表了运输成本)。

根据 Armstrong 给出的建议,将贸易的影响因素分为两类,一是贸易的自然决定因素,包括经济规模(GDP)、市场需求、相对距离、边界以及其他短时间内不会发生变化的因素(如共同语言、贸易互补性等),因此该类因素也称为"核心因素"。基于此,本书首先使用被学者广泛使用的因素针对进口、出口和进出口三种情况构建引力模型,对中国与"一带一路"沿线国家和地区的乳业贸易影响因素进行测算。

$$LnYEt = \alpha + \beta_1 lnGDPt + \beta_2 lnGDPCt + \beta_3 lnD + \beta_4 lnPt + \beta_5 lnPCt +$$

第六章 中国与"一带一路"沿线国家和地区乳业贸易影响因素

$$\beta_6 lnR_t + \beta_7 lnFT_t + \beta_8 lnLang + \beta_9 lnB \qquad (6-8)$$

$$LnYI_t = \alpha + \beta_1 lnGDP_t + \beta_2 lnGDPC_t + \beta_3 lnD + \beta_4 lnP_t + \beta_5 lnPC_t +$$
$$\beta_6 lnRt + \beta_7 lnFT_t + \beta_8 lnLang \qquad (6-9)$$

$$LnYZ_t = \alpha + \beta_1 lnGDP_t + \beta_2 lnGDPC_t + \beta_3 lnD + \beta_4 lnP_t + \beta_5 lnPC_t +$$
$$\beta_6 lnR_t + \beta_7 lnFT_t + \beta_8 lnLang \qquad (6-10)$$

其中，α 为常数，β_i（i 为 1，2，3，…，9，常数）分别表示 GDP、GDPC、D、P、PC、R、FT、Lang、B、FT 和 S 的比例系数。其中，GDPC 和 PC 分别表示中国的经济规模和人口数量；YE_t、YI_t、YZ_t 分别是中国对其他国家的出口额、进口额和进出口总额；GDP_t 和 P_t 分别表示伙伴国的 t 年的 GDP 和人口数量，反映了经济发展程度和市场规模大小，预期与贸易额呈正相关关系；D 表示中国与伙伴国之间的地理距离，选取了两个国家间的绝对距离，预期与贸易额呈负相关关系；R_t 表示伙伴国 t 年的官方汇率，反映了一个国家的金融状况。Lang 表示中国与伙伴国是否具有共同语言，有取 1，无取 0；预期与贸易额呈现正相关关系；B 表示中国与伙伴国是否具有共同边界，有取 1，无取 0，预期与贸易额呈正相关关系。

二、变量选取及数据说明

本书以"一带一路"专题网站为基准，尽可能选取"一带一路"沿线国家和地区 2009 年至 2017 年十年面板数据，将数据缺失国家剔除，具体各因素数据来源及其代表含义如表 6-13 所示。

表 6-13　　　　　　　　　指标说明及数据来源

选取指标	代表意义	数据来源
YI_t、YE_t、YZ_t	YI_t 为 t 年中国从其他国家的进口额；YE_t 为 t 年中国的出口额；YZ_t 为 t 年中国的贸易总额	联合国贸易数据库
GDP_t	表示贸易国 t 年的 GDP，代表贸易国的经济发展水平对乳品贸易的影响	世界银行
$GDPC_t$	表示中国 t 年的 GDP，代表中国的经济发展水平的乳品贸易的影响	世界银行
P_t	表示 t 年贸易国的人口，代表贸易国对乳制品需求能力	世界银行

续表

选取指标	代表意义	数据来源
PC_t	表示 t 年中国的人口，代表中国对乳制品供给能力	世界银行
D	表示中国与贸易国之间绝对距离，通过一国内部的城市层面的人口分布状况作为权重计算的相对值，代表了两国之间的运输成本对乳品贸易的影响	法国 CEPII 数据库
R_t	表示贸易国 t 年的汇率，代表贸易国的金融状况	世界银行
B	虚拟变量，表示贸易国与中国之间是否相邻；有共同边界表明相邻，取 1；否则为 0，代表了在贸易运输中便利程度	法国 CEPII 数据库
FT_t	虚拟变量，表示 t 年贸易国与中国之间是否签订贸易协议，是取 1，否则取 0	贸易协定网站
$Lang$	虚拟变量，表示贸易国与中国之间是否具有相同语言，有取 1，否则取 0，代表了两国之间是否具有相同文化	法国 CEPII 数据库

三、贸易影响因素分析

本部分内容以 2010 年至 2017 年中国与部分"一带一路"沿线国家和地区间的贸易数据为样本，通过对出口、进口及进出口总贸易三种情况进行模型分析，通过 Eviews8.0 软件计算分析，结果如表 6-14 所示。根据测算结果可以发现，对应三者模型的 R^2 分别为 0.7866、0.8854 和 0.9543，说明三种模型拟合优度较好，因此得出如表 6-14 所示的三个模型。

表 6-14 中国对部分"一带一路"沿线国家和地区贸易引力实证分析结果

	出口贸易模型	进口贸易模型	进出口总贸易模型
常数项	2339.7930 * (1.6161)	-1828.1610 (-1.2719)	16908.1300 ** (2.3702)
LnP_t	-1.4354 (-0.4897)	-4.3669 *** (-11.8907)	-67.1196 ** (-2.2870)
LnD	-7.7339 (-0.4952)	-73.3441 *** (-7.5542)	-1866.1860 ** (-2.3619)
$LnGDP_t$	2.0337 (0.8134)	6.9648 *** (10.3686)	-3.6679 (-0.7770)

第六章　中国与"一带一路"沿线国家和地区乳业贸易影响因素

续表

	出口贸易模型	进口贸易模型	进出口总贸易模型
$LnGDPC_t$	12.2738 (0.9705)	-21.9329* (-1.7638)	-0.8353 (-0.0824)
LnR_t	0.5926 (0.2953)	0.1583 (0.4059)	0.4619 (0.1479)
$LnFT_t$	6.0633 (0.4639)	-104.8187*** (-7.1666)	-2772.7830** (-2.3445)
$LnLANG_t$	1.2555 (0.1188)	27.0519*** (4.8908)	702.6371** (2.3146)
$LnPC_t$	-204.1575* (-1.5072)	230.7745* (1.7349)	39.6329 (0.3357)
LnB	-8.571 (-0.3675)	— —	— —
R^2	0.7866	0.8854	0.9543
F 值	9.4189	25.1201	28.6896

注：***、**、*分别表示通过显著水平为1%、5%和10%的检验。

由表6-6可知，中国和伙伴国的经济状况、两国之间具有共同语言以及签订贸易协定同预期一样，正向影响中国对"一带一路"沿线国家和地区的乳品出口贸易，两国的人口及两国之间距离负向影响中国对沿线国家的乳业出口。从结果来看，两国国内经济迅速发展可以促进中国对沿线国家的乳品出口。其中，中国GDP对其影响较大，与"一带一路"沿线国家和地区相比，中国人口数量及经济形势的变动对贸易影响较大。这是因为中国人口基数大，人口增加将带动国内乳品消费需求增加进而降低出口份额。共同语言促进两国习俗文化交流，对"一带一路"沿线国家和地区的乳品口感需求、营养需求、习俗需求具有同化作用，促进出口贸易。当贸易国汇率增加1%时，中国出口贸易额将增加0.59%，可见贸易国的金融状况对中国出口"一带一路"沿线国家和地区乳制品具有促进作用。另外，地理位置相邻与预期影响方向不符，原因可能是中国与"一带一路"沿线国家和地区间的道路设施不完善，对货物运输产生了阻碍作用。

与出口贸易相同,贸易国的金融状况、共同语言带动了中国与"一带一路"沿线国家和地区乳业进口贸易发展。而贸易国的 GDP 和中国的人口数量也对中国向"一带一路"沿线国家和地区进口乳制品贸易分别具有 6.96% 和 230.77% 的积极影响,说明出口国的经济发展水平及进口国的人口数量可以增强两国乳业贸易的紧密性。与出口贸易模型结果相反,中国的 GDP 增长和伙伴国人口的增加阻碍了中国对"一带一路"沿线国家和地区的乳制品进口贸易,可以理解为中国经济发展水平高,国内可以较高程度地满足对乳制品消费需求,进而降低了进口份额,而伙伴国人口增加加剧了其国内对乳制品的需求,因此抑制了中国对沿线国家的乳业进口贸易。此外,值得关注的是,签订贸易协定并不利于中国向"一带一路"沿线国家和地区开展进口贸易。考虑到进口国的资源禀赋条件,与新西兰和澳大利亚优先签订协议国家相比,"一带一路"沿线国家和地区缺少竞争力,因此签订协议并不能改善两国之间的进口贸易。

结合中国乳业贸易现状分析,除伙伴国的 GDP 发展水平外,总贸易模型与进口贸易结果中各指标对贸易额的影响方向一致,程度上略有不同。总体来看,中国的人口数量增加在很大程度上带动了乳制品消费需求的增加,对两国贸易具有积极效应。而中国的 GDP 和贸易国人口数量对两国贸易具有阻碍作用,两国的地理距离也增加了贸易难度,702.64% 说明共同语言对两国贸易的影响极大。

第五节 中国与"一带一路"沿线国家和地区贸易潜力测算

将已有数据代入上文所得的模型回归方程,可以获得中国与"一带一路"沿线国家和地区间的贸易额预测值,本书选取2015年至2017年数据,将实际进出口贸易额数值与预期值相比,即可获得贸易潜力数值(TP),见表6-15。

表6-15 2015年至2018年中国与"一带一路"沿线国家的可获得贸易潜力数值(TP)

贸易潜力值	2015年	2016年	2017年
出口潜力值	1.00	0.97	0.88
进口潜力值	0.95	0.95	1.05
总进出口潜力值	0.98	0.98	1.02

根据现有学者对贸易潜力的划分方法,若 TP < 0.8,则表示双方有很大的发展空间,贸易潜力巨大;若 0.8 < TP < 1.2,则表示双方贸易潜力尚未完全开发,还有一定的扩大空间;若 TP > 1.2,则表示双方现有贸易潜力已经用尽,需要通过其他途径发展两国经贸合作[62]。由表6-15可知,2015年至2017年,无论是进口贸易还是出口贸易,中国与"一带一路"沿线国家和地区间的贸易潜力值处于尚未完全开发的区间,贸易关系还存在较大的提升空间,另外,中国与"一带一路"沿线国家和地区间的出口贸易潜力在逐渐扩大。

第六节 本章小结

本章主要分析中国与"一带一路"沿线国家和地区的乳制品贸易的主要影响因素。利用 CMS 模型考察了中国乳业贸易进口的动因，发现世界整体需求水平的提升能够促进中国乳业贸易展开，市场结构、产品结构的均衡发展也对中国乳业贸易起到促进作用。经过十余年的发展，中国乳业贸易依旧与乳业发达国家之间联系密切，乳业竞争力较弱，因此在"一带一路"提出的背景下，中国乳制品企业展开了对外直接投资的发展战略，这对乳业贸易也会产生深远的影响，可能由于价格优势改变中国乳业贸易格局，因此在东道国的视角下分析了对外直接投资规模的影响因素。同时，通过 Granger 因果检验，发现从澳大利亚进口使乳企倾向对澳大利亚海外直接投资项目，而对爱尔兰和荷兰的海外直接投资能够促进中国对爱尔兰和荷兰的乳制品进口贸易。基于随机前沿模型，笔者分析了中国与部分"一带一路"沿线国家地区间乳业贸易的核心因素并测算出中国与"一带一路"沿线国家地区之间的贸易潜力。

第七章

乳业发达国家国际化
经验借鉴

第七章 乳业发达国家国际化经验借鉴

21世纪以来,中国经济迅速发展,中国在国际上的地位和影响力也在不断上升,中国各行业企业也都在向国际化靠拢,并开始实施国际化战略。中国乳业国际竞争力逐渐上升,如中国首个乳制品企业光明乳业在2010年收购了新西兰新莱特(Synlaint)公司51%的股权,之后澳优、伊利、蒙牛、新希望等相继跟随脚步,中国乳业国际化发展的步伐迅速。结合历史经验,在国际化发展的过程中,不仅要借鉴其他行业的发展模式,也要参考乳业发达国家国际化发展理念以及管理体系。大洋洲、欧洲和美洲借着自然资源禀赋的优势,在国际上拥有一定的话语权。因此,本部分主要借鉴新西兰和澳大利亚两个国家的发展经验并对比分析以及荷兰、德国和美国的国际化发展战略展开分析。

根据作者查阅的现有资料,基于乳制品企业国际化现状,大部分学者提出了中国乳业国际化发展的难题以及发展趋势。企业文化差异性、政策支持与良好的合作关系均是目前中国乳制品企业面临的困境(王广,2016)[81]。恒大乳制品企业收购新西兰乳制品企业企业并推出婴幼儿配方奶粉,中国乳制品企业应该打造自己的品牌,进而提升国际话语权(孔金瑶,2014)[82];还有一些学者比较中国与乳业发达国家乳制品企业的差异性,提出对发达国家质量安全与监管体系的经验借鉴,沙米拉·色依提、邓峰(2015)[83]分析新西兰、澳大利亚、荷兰及美国乳业产业纵横向优势特征,进而得出中国乳业在养殖、生产、加工、市场等方面借鉴优化经验,改善中国乳业面临困境。那么,在中国国际化发展的道路上,对乳业发达国家的借鉴是否也能够促进中国乳业发展,避免经验不足引起的成本增加。

根据第三章、第四章分析,中国乳业贸易产品单一、市场集中、逆差缺口扩大,国际竞争力走低的局面已经持续多年,中国国内乳制品企业建立海外市场的布局,中国乳业采取"走出去"战略需要借鉴发达国家乳业国际化发展经验,进而增强中国乳制品企业内部机制建设,加强人才培养,提高中国乳制品品牌知名度与国际竞争力,提升中国乳业国际地位。新西兰、澳大利亚、荷兰、德国和美国经过多年的发展,凭借自身的地理优势以及科学的经营管理体系成为世界上主要的乳制品出口国和生产国,目前已经拥有了一条完整的产业链,在满足国内自身需求的基础上,积极实施乳业国际化发展战略,并已经完成了基础部分的投资建设以及生产。本书通过分析新西兰、澳大利亚、荷兰、德国、美国五国乳制品企业产品、生产以及市场的国际化战略,为中国乳制品企业实施国际化战略提供参考。

第一节 澳大利亚乳业国际化发展战略

一、促进产品国际化因素

一是价格具有竞争优势。得天独厚的地理位置和气候条件,天然的牧草和优越的环境,使大部分的牧民延续了传统的放牧形式、降低了饲养成本,使原奶的价格低于其他国家。同时,澳大利亚政府并没有管控原奶的收购价格,实行典型的乳制品企业收购制,其价格完全取决于农场提供的原奶质量(即政府采取了不干预的放松管制政策),属于有国际贸易的自由竞争行业,其价格由国际市场价格和澳大利亚的汇率决定,加上科学的管理和优良的遗传基因,使乳制品从源头开始在质量和产量上拥有绝对优势。供过于求的形势以及价格和品质的双重优势使澳大利亚乳制品企业开始实施产品出口战略。这种战略的实施有利于企业规避国内经济萎缩风险,保持国内生产规模,利用国内生产资源。对于国外市场,保留了自身对产品的研发、生产、设计等关键性技术。

二是供应链具有安全保障。随着牧场的规模化以及供应链的逐渐发展完善,澳大利亚乳品制造业呈现多元化发展,主要包括个人企业、上市农民合作社以及跨国企业。2016年,合作社占澳大利亚牛奶产量的不到40%。上市农民合作社的一体化经营使澳大利亚乳企向上游发展,其领域有加工工厂,开始自营牧场提供优质的奶源,形成稳定可靠的供应链。即使没有自营牧场,也有合同制的稳定的供应商,形成一条自有产加销完整的产业链。这种经营模式不仅降低了经营成本、提高工作效率、满足了企业的需求量，也保障了原奶的质量安全、减少了信息不对称性带来的损失。

二是产品具有多样性。随着乳业产业链的逐渐完善，乳制品企业开始关注营养和健康的饮食习惯，产品也逐渐向多元化发展，包括鲜奶、黄油、酸奶、奶粉、奶酪等，其中奶酪一直是主要产品，占2017年澳大利亚原料奶用量的三分之一。最近，奶酪产量的增长表明，未来这种情况将更加严重。据澳大利亚乳业局预测，饮用牛奶、脱脂奶粉和黄油将是原料奶的下一个最大使用者，占澳大利亚牛奶的28%和26%。

二、合理选择国际化市场

澳大利亚作为乳制品生产大国，其中三分之一的产量销售国外，2017年7月至10月的出口量为27万多吨，虽然其产量仅约占全球的2%，但是以6%的占有率位居全球第四大乳制品出口国，仅次于新西兰（38%）、欧盟（31%）和美国（12%）。其主要出口地区集中在亚洲，2016年出口额占乳制品出口总值的80%，约达30亿澳元，其中：中国（包括香港和澳门）是最大的出口市场，占出口量的24%，其后依次为日本、印度尼西亚、新加坡和马来西亚。

从以上贸易伙伴国的选择来看，其影响因素可以分为交通运输因素、饮食文化因素和经济因素三类。乳制品产品特殊性使在物流方面受到限制，出口国主要集中在了地理位置较近的亚洲国家，便于乳品的存储和运输，使距离较远的大部分国家被限制在外。从文化差异性考虑，澳大利亚与出口国的饮食差异性较小或者出口国的饮食文化逐渐"西化"，更加易于消费者在口感和身体所接受。从经济角度考虑，澳大利亚与贸易伙伴国在不等时间内均签署了贸易协定。自贸协定的签署促使乳品贸易交易关税降低，贸易壁垒逐渐弱化，带来了贸易转移效应和贸易创造效应，进一步刺激了各国对澳大利亚乳制品的进口数量，为澳大利亚乳业国际化发展提供了便利条件。

表 7-1　　　　　澳大利亚乳制品贸易伙伴国及协定签署

贸易伙伴国	协定名称	生效时间
中国	中国—澳大利亚自由贸易协定	2015 年 12 月 20 日，2026 年关税将调整为零
日本	日本—澳大利亚经济伙伴关系协定	2015 年 1 月 15 日
印度尼西亚	东盟与澳大利亚和新西兰自由贸易区协定	2012 年 1 月 10 日
新加坡	新加坡与澳大利亚自由贸易协定	2003 年 7 月
马来西亚	马来西亚与澳大利亚自由贸易协定	2013 年 1 月 15 日
韩国	韩国—澳大利亚自由贸易协定	2014 年 12 月 12 日
智利	澳大利亚—智利自由贸易协定	2009 年 3 月 6 日，2015 年 1 月 1 日起调整为零
菲律宾	东盟与澳大利亚和新西兰自由贸易区协定	2010 年 1 月
越南	东盟与澳大利亚和新西兰自由贸易区协定	2010 年 1 月

三、支持引进国外企业

澳大利亚乳制品企业分析消费者的需求结构变化以及原奶产量增速缓慢现象，部分企业调整了投资规模和结构，减少了加工工厂的投资，有些企业甚至关闭了工厂以减少投入成本。如最大的乳制品企业 Murray Goulburn 已经宣布关闭位于 Kiewa、Rochester 和 Edith Creek 的三家工厂，并打算出售 Leithville 奶酪厂。

澳大利亚不仅鼓励地方乳制品企业，也积极引进国外企业，使其制造业呈现多元化发展，主要包括个人企业、上市的农民合作社以及跨国企业；并且支持跨国企业的生产、加工和销售，如已经运营多年的新西兰的恒天然集团、日本的麒麟集团（Kirin）、法国的拉克塔利斯集团（Lactalis）和加拿大的萨普托公司（Saputo）。新西兰恒天然集团专注奶酪和奶粉等产品，日本麒麟集团着力打造有机牛奶，法国拉克塔利斯集团为越南公司提供常温奶，生产国际乳制品[84]。这些跨国企业有助于解决人口就业问题，带动经济发展，便于乳制品企业国际化发展战略的实施、加快企业融资进程、为新产品的研发提供了雄厚的资金链。

其中，澳大利亚乳业协会发挥着重要的作用。例如，澳大利亚乳业局致力于寻找进入海外市场的机会,最大限度地提高农民的潜在回报,其中包括日本、中国、东南亚以及中东等许多新兴市场;同时,将搭建 Dairy-Base 系统,建立关于乳制品的信息平台,便于农场主和企业规划投资力度以及测算下一季度的产量和价格,确保信息的透明度,降低信息的不对称性带来的损失,防止市场失灵。

第二节　新西兰乳业国际化发展战略

一、精准的产品战略

抓住时机，降价促销。在中国乳业陷入前所未有的低迷，消费者对国内乳制品产生了信任危机之时，新西兰乳业抓住机遇，选择中国乳业市场积极推进乳业国际化发展战略，打价格牌和产品牌，针对中国乳制品市场需求，主推各个乳制品相关行业均能够用于加工生产并且易于保存和运输的"工业大包粉"。"工业大包粉"在中国的成功营销，使新西兰乳业在中国乳业市场上打了响亮的一枪[85]。作为新西兰第一大乳制品加工企业，恒天然集团充分利用低成本优势，采取降价促销的营销战略，降低将近一半价格。在杠杆作用下，中国乳品企业由收购奶农的液态奶转向进口原料，使中国乳业产业链的根基产生变动，中国也成为新西兰乳制品最大的出口市场。新西兰乳业在产品战略选择上不仅考虑了产品的实用性和存储性以及物流运输方面的便利性，也有效利用了其他国家不能代替的地域带来的低成本优势。

扩充产品种类，占领市场份额。中新自贸区的建立更是加快了新西兰乳业在中国发展的步伐，建设养殖场和加工厂的，研发专属于适合中国消费者的产品。例如，新西兰恒天然集团在中国市场拥有整合的乳制品业务（包括品牌、餐饮服务、乳品饮料和养殖场运营），品牌如提供日常营养的安佳、提供优质骨骼营养的安怡、母婴产品安满；高品质乳制品原料NZMP等；同时为餐饮服务提供奶酪、奶油奶酪、黄油和奶油；2015年拓展有机奶业务，满足国际市场需求。新西兰西部乳业公司在2013年宣布向中国市场提供高品质营养的婴幼儿营养产品，在之前主要销售的乳业原料和黄油基础上逐渐丰富产品的种类，进一步占据中国市场份额[86]。

先进科学的产品研发机构。为了企业的可持续发展，新西兰乳制品企业均设置了科学的研究所,如新西兰恒天然集团在全球七个区域建立了研究中心,其中位于新西兰的乳制品研究所是世界上拥有最先进技术的研究机构之一,致力于研发从牧场到零售商各个环节的高品质、高营养的产品;Westland集团拥有负责营养、科学、技术及可持续发展的创新研究中心;该研究所丰富了乳制品企业业务,解决了业务单一化引起的资金断裂的风险。

二、严格的国际化质量安全监管体系

新西兰的乳制品企业主要是合作社衍生发展,采用一体化的生产模式(即自供自销),不仅规避了信息不对称性带来的逆向选择和道德风险问题,也保障了供应链中奶源的质量,从放牧、收奶、运输、生产、存储到产品交付,贯穿整个供应链。根据相关法规,对原奶的收购及出口企业的生产、加工、运输和存储等操作必须在风险管理体系(RMPS)下进行,便于产品的追踪监测,而不仅在国内销售的企业仅需在食品安全程序(FSP)下操作,还需遵守良好的操作实践(GOP)、危害分析和关键控制点(HACC)等程序[87],这些程序通过具有认证资格和官方授权的第三方检测机构进行检测和评估,确保按照标准执行。新西兰乳业产业链监管见图7-1。

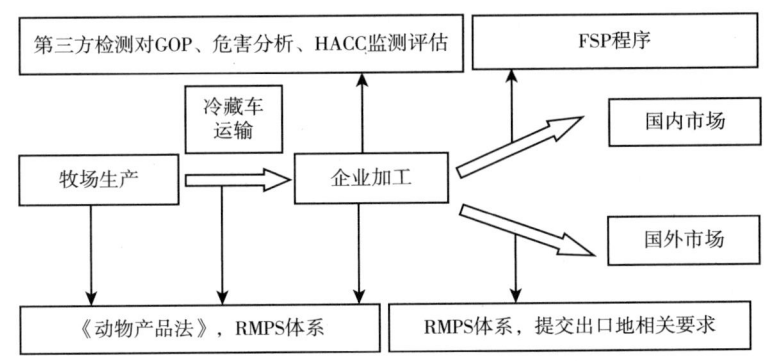

图7-1 新西兰乳业产业链监管

在整个产业链的加工生产过程中,各个乳制品企业严格按照国际质量管理体系(ISO 9001)执行,也对卫生和环境进行监测,获得全球认可的食品安全系统认证（FSSC 22000 - Q），此外，重要的研发部门获得新西兰第一产业部（MPI）认可的国际标准（ISO 17025）。国际标准的战略选择，强化企业经营管理，提高了客户的满意度，增强企业形象，促进各国间企业的合作交流。

三、递进式进入国际市场

新西兰乳业经过200多年的发展历程，其产业链逐渐完善成熟，随着全球化发展，凭借地理环境的天然优势递进式的占领国际市场。以新西兰最大乳制品企业恒天然进入中国市场为例，首先通过国际贸易实施了产品出口战略，在产品的价格、种类、品牌、营养等多因素综合考虑并计划实施了具体的营销策略，为企业国际化战略的实施奠定了基础。同时，产品出口战略也面临着关税及汇率波动的风险，但中国与新西兰两国政府于2008年签署的自由贸易协定降低了风险程度。通过收购重组进行资金、人才等的输入，例如，新西兰恒天然集团分别于2005年收购三鹿集团、2015年收购贝因美，同时将安满给予贝因美在中国专营，2017年参与迈高集团的竞购。为进一步降低成本，通过国际投资采取海外直接投资战略，使用更优质更优惠的生产要素，扩大生产经营规模，提高市场份额，进而增强企业竞争力。例如，新西兰恒天然集团在中国唐山直接建厂，并且引进了本国优质的奶牛；目前在河北省已经建设了3个养殖场，另2个养殖场处于建设中，其中唐山的牧场已经进行生产加工，达到了生产的国际化。海外直接投资战略缩短了进入国际市场的周期，促进新产品与本土品牌的充分融合，提高品牌的影响力。至今，新西兰乳制品企业已经逐渐实现混合型国际化发展，既有产品的国际化战略又有生产的国际化，实现了海外直接投资的国际化。

第三节　新澳两国乳业国际化战略比较分析

一、国际化发展战略的相似性

由于两国地理环境和气候相似，乳业对两国经济发展的贡献也决定了对乳制品质量安全严格的监控，乳制品的质量、产量以及成本均具有很强的国际竞争力，因此，乳制品企业国际化发展战略也均具有相似性。

一是国际化的背景相似。两国政府均实行价格放松政策，在市场的作用下乳制品供过于求，促使乳制品企业逐渐采取产品国际化战略，乳制品企业的营销策略也均是由 4C 理论逐渐转向 4V 理论。

二是产品战略相似。两国均具有低成本、高质量、高产量的产品优势，并且致力于满足国际市场的需求，适时地调整产品结构，研发创新具有高品质、高营养的乳制品，提高自身的企业竞争力。

三是国际化产品标准相似。产品质量均采用国际标准检测认可，种类也逐渐创新多样化，满足人们对乳制品的营养和口味需求。

二、国际化发展战略的差异性

新澳两国乳业国际化发展战略的差异性主要体现为如下三个方面：

一是进入市场方式不同。恒天然作为新西兰乳制品企业的领头羊，采取的降价促销战略起到了引导作用。在此基础上，新西兰大部分乳制品企业出口向海外市场转移，采取并购、直接海外投资如在中国建厂达到生产的国际化，进一步降低了饲养成本，提高了销售中国市场产品竞争力；同时建立多种品牌并且进行研发创新，逐渐丰富品牌和种类并在零售市场占有一席之地，进一步抢占海外市场份额，逐渐建成全球产业链。而澳大利亚的总产量较新西兰的总产量有一定差距，签订自贸协定的时间相比较晚，因此澳大利亚宣传品牌优势，主要侧重于出口销售，采取产品国际化战略。

二是国际化市场不同。虽然两国的国际市场均主要集中于中国、韩国、日本等亚洲国家，但美国、阿拉伯联合酋长国和澳大利亚也是新西兰的主要出口国。其中，对澳大利亚奶粉、黄油和奶酪的总出口额从2013年的3.88亿新元逐年上涨至2017年的7.04亿新元，同比上升81.7%。

三是产品出口结构不同。由于两国乳业发展时间起点不同，在国际贸易中产品结构具有差异性。新西兰在中国市场以"工业大包粉"为主，而澳大利亚主打炼乳、黄油以及婴幼儿配方奶粉等。

第四节　美国乳业国际化发展战略

根据联合国贸易数据库数据分析，德国既是世界上最大的乳制品进口国，也是乳制品出口国，不仅拥有巨大的贸易量，也具有较高的自给率。然而，不论是从德国本身的贸易市场分析还是从其贸易网络中展开的研究，德国的贸易网络大部分是集中在欧盟国家，丰富的自然禀赋也为其提供了便利条件。相对而言，美国更具有一定的研究意义。美国是农业大国，对乳业的发展也尤为重视，产业贸易的延展性、技术水平的前沿性、组织管理的严谨性等都是美国乳业能够发展到国际领先水平的核心要素。因此，本小节对美国乳业国际化发展的经验及其过程略做阐述，为中国乳业的发展提供一定的经验借鉴作用。

一、产品具有国际竞争力

美国国土面积辽阔，耕地、草地、林地各占三分之一，拥有非常丰富的畜牧业资源。美国人很早就开始从事奶牛养殖业，积累了丰富的经验，大多数为家庭牧场，少数为非家庭牧场，也是由合作社经营[88]。美国是世界上第二产奶大国。美国的黄油、全脂奶酪、脱脂奶粉产量均为世界第一，乳清粉产量为世界第二，浓缩乳清粉产量为世界第三[89]。产量的优势是美国乳品走向世界的基础，进而在价格上也占有比较优势地位。美国奶农并不希望奶价过高。因为是奶价过高，每个奶农都会获得利润，而奶价正常时，更能突显自身的管理效率和运营优势[88]。这是比较优势地位所决定的，促使美国乳制品具有很强的国际竞争力。具体而言，美国乳制品具有国际竞争力可以归因于以下几点：

第一，在降低成本中，降低原奶价格，同时提高机械化和信息化程度，更能实现成本最小化。美国现今的科技水平应用在农业领域极大地提高了农业机械化和信息化程度，提高了生产效率，节约了人工成本。机械化体现在从饲料生产、奶牛饲喂、挤奶到粪便清理等环节，基本实现了机械化和自动化。随着机器人的普及，美国牧场使用机器人的数量也在逐渐增加。信息化体现在电子信息技术的普及。奶农可以通过计算机进行生产管理和监控，通过联网获得有价值的数据，方便对生产作出决策。

第二，生产服务体系完善，美国奶牛业的专业化分工十分明确。生产的大小环节都可以找到专门的机构或公司获得帮助（如奶业协会、种公牛站和奶牛改良中心等）。各种奶业从业人员或企业自愿组成的民间协会等非营利组织，对本行业的生产与管理、技术推广与咨询、加工与销售等方面起着重要的桥梁作用，节约了中间成本和沟通成本。

第三，奶牛场与生产企业一体化模式。大型奶牛场都配有自己的加工企业，就近收奶，就近加工，及时投放市场，加速企业的资金周转和物流通畅[90]。稳固的合作关系能够降低信息成本，减少信息不对称带来的外部性，进而节约成本。此外，每家奶牛场均有足够支持牛群持续生产的土地资源，可以种植青贮玉米、大豆、苜蓿，为奶牛场提供优质的粗饲料，节约了生产成本。而牛粪和污水经过粪水分离、粪沙分离，为农业生产提供了充足的有机肥和灌溉用水，既节省资源又解决了奶牛场的环境污染问题，形成了农牧良性互动，共同支撑可持续的发展局面。此外，还有奶牛场利用牛粪产生沼气后发电并将牛粪干燥后作为卧床垫料，既经济又实用，综合效益也十分明显。

第四，政府及相关组织的鼎力协作，产品逐渐多元化。美国政府通过了一系列对奶业的支持政策，保护农民的利益，提高奶业的生产效率。例如，牛奶收入损失合同项目、乳制品价格支持项目、乳制品毛利润覆盖计划、乳制品研究推广计划和乳制品捐赠计划等。在美国财政支持下，"学校营养餐计划"的推行进一步提高了奶农的生产积极性，保障了奶农的利益，有利于提升原料奶的质量，并在一定程度上支持了奶业发展出口潜力。2013年美国农业部与美国乳业创新中心签订协议，帮助奶牛场减少在公共事业方面的支出和实现多元化营收。美国政府还加大了对科技的投入力度，同时力求探求多元化的产品结构。相关的科研机构的科研经费均有美国联邦政府的资助，大学的教育也注重理论成果的推广和应用、推广站人员的经费充足。

二、国际国内市场兼顾

产品的国际竞争优势为打开国际市场提供了坚实的基础，美国经过内部的多方支持，充分具备出口的发展潜质。而美国在进入国际市场的过程中，不仅致力于打开国际市场，也兼顾国内市场的进一步发展。这是美国在乳业国际市场占有一席之地的原因。

对于美国大多数乳制品企业，国内市场的需求让他们的主要精力依然集中在国内市场，但一些企业开始认识到由于习惯于关注国内市场，美国缺乏动力去开发满足国际市场需求的产品。在国际市场越来越影响国内市场时，他们开始转向生产国际市场所需要的产品。如增加脱脂粉的产量，同时三家全脂粉工厂建成，专注生产用出口的全脂粉。这一举措表明每股乳制品企业更加倾向从国际市场获利。即使存在风险，但对于美国乳制品企业，全脂粉与脱脂粉之间能够在生产之际进行切换。另外，自由贸易协定使美国获得更大的国际市场份额，通过贸易谈判，美国获得了重要乳制品原料出口市场（如韩国）。跨太平洋伙伴关系协定的生效也帮助美国乳制品企业更好地进入亚洲国家市场，如日本和马来西亚[91]。此外，美国政府设立关税保护制度，保护本国乳制品企业，扩大乳品贸易顺差，促进生产，降低国内市场的竞争程度[92]。美国乳制品企业在进入国际市场的过程中依旧保有国内市场的均衡，确保奶源质量、乳制品企业监管以及运营模式。

第五节 本章小结

本章以澳大利亚、新西兰和美国作为主要借鉴对象，从产品、质量安全、进入模式等方面对澳大利业、新西兰和美国进入国际市场开展探讨。笔者发现虽然澳大利亚和新西兰均属于大洋洲、地理环境等条件相似，但是两国国际化的方式存在很大差异性：一是进入市场的方式不同；二是市场的目的地选择不同。上述两点也是美国与两个国家的差异之处。美国借助自身大国以及美元市场的优势，拓张国际市场。除此之外，美国在进行产品选择方面也有差异。

第八章

优化中国乳业贸易格局的政策建议

第八章 优化中国乳业贸易格局的政策建议

第一节 主要研究结论

乳制品企业是我国国民经济发展中不可缺少的产业,在新时代新背景下如何发展具有重要的研究价值,本书围绕乳业贸易格局优化的研究展开,主要研究结论如下。

第一,中国乳业贸易特征。笔者从进口贸易情况来看,中国乳业进口规模呈增长态势,占世界乳业进口比例不断增加;进口产品结构较为不平衡,主要以干乳制品为主;进口市场过于集中,其中奶粉主要来自新西兰,而乳清主要来自美国和欧盟国家。从出口贸易来看,中国乳业出口总体规模略有下降;出口产品以鲜奶为主,占比持续升高;出口市场主要集中在中国的香港和澳门。

中国乳业贸易目前依然处于发展不平衡阶段,无论是产品结构还是市场结构,都显示了乳业贸易结构不合理的局面。中国已经成为乳制品净进口国多年,依据中国乳业市场的发展状况改变此局面不是一朝一夕就能完成的,但能够改变进口结构(特别是扭转市场过度集中的问题,降低"中美贸易摩擦"类似事件带来冲击)。

第二,中国乳业竞争力较弱。笔者通过分析中国乳业生产和消费水平,发现中国牛奶产量、奶牛存栏量和乳制品产量在逐年增加,中国农村乳业消费水平较城镇居民相比相对落后,拉低了中国的总体消费水平;利用国际市场占有率、显示性比较优势指数和产业贸易竞争力指数分别测算中国乳业竞争力,发现与乳业发达国家或是发展中国家相比,中国乳业不具备竞争优势;通过波特钻石模型分析发现生产资源匮乏、市场需求开发不完全、相关产业缺乏竞争优势都是乳业竞争力较弱的原因。

第三,中国与部分"一带一路"沿线国家和地区间具有高贸易强度。虽然经过十余年发展,但是中国乳业贸易进口的局面并未改善,但是可以改变市场过度集中的贸易格局。因此，利用复杂贸易网络模型建立无权有向贸易网络发现众多国家与中国具有乳业贸易网络关系，整体网络的核心区域为亚洲；从加权贸易网络中发现增加贸易体量后网络中核心位置国家发生变化，核心区域集中在欧洲和大洋洲，中国与欧盟、新西兰贸易体量较大，而与亚洲国家之间与之具有贸易关系国家较多，与"一带一路"沿线国家和地区间具有极高的贸易强度和贸易往来关系。

第四，对部分国家展开对外直接投资能够促进中国相应的进口贸易，同时进口贸易也能够促使中国乳制品企业选择对应伙伴国展开对外直接投资项目。根据Granger因果检验，笔者发现对爱尔兰和荷兰展开对外直接投资能够促进中国从爱尔兰和荷兰进口乳制品，而从澳大利亚进口乳制品能够使乳制品企业倾向于选择澳大利亚进行对外直接投资。但是新西兰对外直接投资与进口贸易并不具有Granger因果关系。

第五，伙伴国的经济、人口规模以及人文指标等是乳业贸易的影响因素。从市场恒定模型中得出世界总体乳业供给增加和国内需求的增加将拉动国内乳业进口迅速增长，中国乳制品在乳制品出口快速增长的市场进口增速较快；由引力模型的分析结果中可以看出，对于进口贸易、出口贸易，伙伴国的经济、人口规模、两国是否具有共同语言、金融状况等在不同程度上影响乳业贸易关系与就业贸易规模。

第六，中国与部分"一带一路"沿线国家和地区间仍具有乳业贸易潜力。利用随机前沿引力模型，发现中国与"一带一路"沿线国家和地区间仍然具有很强的贸易潜力未被开发；同时，与可以寻找与乳业发达国家具有资源相似的国家并与之贸易（如白俄罗斯、波兰等），加强贸易合作。

第二节 关于优化贸易格局的政策建议

一、关于政府方面

1. 引导乳制品企业对外直接投资

鼓励企业"走出去"。中国政府加大对乳制品企业"走出去"的支持力度,鼓励乳制品企业开展对外投资,目前对外直接投资企业主要是国内大型企业,部分中小型乳制品企业考虑到资金不足以及国内企业发展不成熟等因素,在OFDI中处于战略准备阶段,因此政府要通过正确的引导中小型乳制品企业积极开展海外投资业务,给予对外直接投资乳制品企业优惠政策,设置对应的保险机制。通过海外投资弥补中国乳业在自然资源等方面的不足,进而形成中国独有的乳制品企业全球联结机制。

加强与"一带一路"沿线国家和地区之间紧密联系。实证分析表明"一带一路"倡议促进了中国乳制品企业OFDI规模,因此要加强中国与沿线国家的进一步联系,形成利益联结机制,对比分析"一带一路"沿线国家和地区中与大洋洲、欧洲等政治环境、自然环境、经济环境等相近国家(如波兰、白俄罗斯等),通过签订协定加强合作、降低投资壁垒,进一步确保投资的可行性以及成功性。

2. 宜着力研究解决投资贸易便利化问题,消除投资和贸易壁垒

构建区域内和各国良好的营商环境,积极同沿线国家和地区共同商建自由贸易区,激发释放合作潜力,做大、做好合作的"蛋糕"。"一带一路"沿线国家和地区宜加强信息互换、监管互认、执法互助的海关合作,以及检验检疫、认证认可、标准计量、统计信息等方面的双多边合作,推动世界贸易组织《贸易便利化协定》生效和实施。改善边境口岸通关设施条件,加快边境口岸"单一窗口"建设,降低通关成本,提升通关能力。

加强供应链安全与便利化合作,推进跨境监管程序协调,推动检验检疫证书国际互联网核查,开展"经认证的经营者"(AEO)互认。降低非关税壁垒,共同提高技术性贸易措施透明度,提高贸易自由化便利化水平。优化贸易结构,挖掘贸易新增长点,促进贸易平衡。创新贸易方式,发展跨境电子商务等新的商业业态。建立健全服务贸易促进体系,巩固和扩大传统贸易,大力发展现代服务贸易。将投资和贸易有机结合起来,以投资带动贸易发展。加快投资便利化进程,消除投资壁垒。加强双边投资保护协定、避免双重征税协定磋商,保护投资者的合法权益。

3. 优化中国乳业贸易结构

第一,推进与"一带一路"沿线国家和地区的贸易深层合作。在进口方面,中国可以与波兰和白俄罗斯加强双边贸易,调整中国的主要贸易进口国结构,这是因为这两个国家自然资源丰富、奶源优质,可以满足中国市场需求,扩展进口产品种类。在出口方面,中国可以向马来西亚、新加坡、缅甸和越南等国家继续出口乳制品。据测算,2015年至2017年,中国向越南和马来西亚出口乳制品的贸易潜力逐渐扩大,可以签订贸易协定,制定双边贸易优惠政策,完善交通设施,增加中国与越南、马来西亚的贸易便利度。

第二,借鉴欧洲议会经验,实施"一国一策"措施。根据引力模型实证分析结果,中国与沿线国家间进行进口贸易和出口贸易的因子影响程度不同。在进口贸易中,两国不适用签订贸易协定,出口贸易反之。因此,可以借鉴欧洲议会中提到"一国一策"方案,对从中国进口乳制品的国家签订贸易协定(如阿拉伯联合酋长国、缅甸等),进一步开发两国之间乳业贸易潜力。对贸易国进行定向选择,选取经济发展稳定、金融状况良好的国家,不仅要增加两国之间经济贸易强度,还要深入进行政治、文化交流,进行多方协同发展,通过同化需求来推动乳业贸易。

第三,整合国外资源,实现产业升级。在乳制品企业逐渐实现国际化的背景下,结合"一带一路"倡议,利用国外资源,带动中国乳业成长,通过资源与产能相融合,中国乳制品企业可以借此机会在波兰、白俄罗

第八章　优化中国乳业贸易格局的政策建议

斯、捷克斯洛伐克共和国等国家投资建厂，开展深加工，充分利用国外的自然资源，收购优质奶源，用上游产业链带动中下游产业发展，真正实现产业升级，提升中国乳业的国际竞争力。同时，带动对投资的目的国的乳制品进口贸易，建成投资型贸易往来。

发挥宏观调控作用，构建科学的贸易体系，调整国际贸易市场布局。在"一带一路"倡议的大背景下，鼓励中国乳制品企业积极制定国际化发展战略目标，加强与周边国家的贸易合作，选择经济发展快速、文化差异性小、交通运输便利的地区进行投资，已经有乳业贸易往来的国家可以扩充种类进行合作。利用中澳自贸区和中新自贸区的建立，加强政府之间的对话、企业之间的合作以及政府与企业之间的沟通协作，帮助企业技术、管理人才到新西兰和澳大利亚进行培训、参观学习，充分借鉴国外先进的科学经营模式，挖掘具有乳制品贸易发展潜力的海外市场，达成长期的贸易合作伙伴关系，探索出适合中国国情的乳业健康发展道路。

4. 提升乳业国际竞争力

第一，完善质量安全监管体系。要想提高中国乳业的国际竞争力，先要恢复消费者对国内乳制品的质量安全信心，提高消费者对乳制品的认识，重塑本地品牌的形象。政府应巩固质量安全监管体系和完善法律法规，形成有效的利益联合组织或合作社，加强质量安全监控，增强检测能力，严格按照国际标准和监管机制执行，完善社会服务化体系。引进国外先进技术和专业型人才，建立质量安全追溯系统，制定详细的召回制度，做到最大可能的规避风险。保护消费者权益，促进中国乳业的健康可持续性发展。

第二，推进乳业保险计划。保险是市场化的风险转移手段，是市场经济条件下减少风险损失最有效的工具。乳业保险把牛奶和饲料价格风险纳入同一险种进行风险管理，对解决中国奶农生产过程中面临的价格风险具有重要参考价值。首先，筹划中国牛奶期货交易。牛奶期货交易为奶农提供风险对冲和发现未来价格的手段，从而引导奶农生产。其次，将奶业保险纳入政策性农业保险范畴。保费补贴要适度，既要考虑奶农的保费承受能力、也要考虑财政承受能力,过高的费率补贴不具有可持续性。最后,选择合适地区先行试点,为中国全面开展奶业保险累积经验和数据。

二、关于企业方面

1. 关于乳制品企业对外直接投资的政策建议

第一,重考察,优结构。投资前要考察东道国环境,优化投资市场结构。乳制品企业在选择投资市场时,要考察东道国的政治环境、税收水平、法制保护程度、政府对待外资的接受度等,关注东道国对外资和本土企业的法制差异性,优化投资市场结构,建立完善的海外投资体系,避免单一市场带来的壁垒,布局全球奶源市场,占领先决市场的优势地位。

第二,强管理,降风险。企业要强化内部管理制度,进而降低投资风险,无论乳制品企业选择的东道国的政治环境、经济环境、社会环境等适应乳制品企业 OFDI 的发展,乳制品企业在海外投资过程中都会发生不可预估的风险,因此要增强风险防范意识,加强企业内部管理制度,维护工作秩序,提高工作效率,增强企业盈利能力。这体现在企业对人员的管理,更要注重资金的分配情况,要善于总结前人的经营经验,从内部降低投资风险,实现境外的持续发展。

第三,研新品,促本土化。调整企业产品结构,加快企业本土化。乳制品企业本土化要求在产品生产中注重其口味和营养,迎合本国居民的爱好以满足市场需求,减少文化差异导致的排斥现象。同时,在企业管理方面也要本土化,大部分东道国政府为了保证本国的就业率雇用的员工大部分为当地居民,因此外聘人员要尊重当地居民的工作习惯以及环境以及采用恰当的交流方式。

2. 实施产品竞争力提升战略

一是降低成本。在小规模牧场中,大型设备由政府提供支持,多家牧场共同使用,达到设备共享,在废弃物处理过程中采取中国传统方式,在种植业中进行有机处理。在大规模牧场中,采取统一标准化、规范化的管理运营模式,利用合作社组织集中规划统筹,实现现代化和机械化生产,降低基建成本和人工成本,保存优良基因,提高奶牛单产量,减少牛犊成本。

二是完善产业链。由于中国牧场与乳制品企业的主体关系已经建成,为加强利益联系,可以建立长期的严谨科学完善的契约关系,提高奶农的热情和配合度,进一步整合供给链,调整企业内部结构,优化重组,设立研发部门,加强团队紧密合作,确保每一环节做到万无一失,保障质量安全。

三是创新产品。结合自身的文化和人们的需求,在质量安全保障的基础上,研发口感、营养、种类、存储等均满足的创新型产品(如现在市场所售的鲜牛奶、酸奶、乳品饮料等)。保质期短,供给冷链物流能够提供的区域,减少运输成本,销售周期短,达到资金循环使用,防止了资金链断裂。选择适当的厂址,既要支持环保政策又要满足自身的条件,既拥有消费人群又有独立的环境,还需要方便的交通等后续条件。

第三节 本书的不足以及未来研究方向

由于时间等其他原因的限制，本书在研究内容上略显不足。其中本书并没有展开分析中国乳制品企业对外直接投资对国内乳业结构升级产生的效应。而乳制品企业对外直接投资已经初具规模，对国内乳业的影响具有重要意义，在"一带一路"倡议的大形势、大背景下，中国乳业也打开了崭新的篇章，那么对中国乳业的国际竞争力是否具有提升作用，对中国国内乳业的发展是否具有消极作用，对乳业的相关产业的发展产生了哪些影响，具体体现在哪些方面都是值得学术思考的问题。因此，在研究上，将以本书为基础，展开乳制品企业对外直接投资对国内乳业结构升级的效应进行研究，致力于中国乳业健康发展。

参考文献

[1] 胡冰川,刘玉满,李静.中国乳业发展及贸易现状和相关政策变化[J].国畜牧杂志,2009,45(24):34-39.

[2] 孙桂兰.中国—新西兰乳制品贸易现状分析及对策[J].长沙大学学报,2015,29(03):20-22.

[3] 霍晓娜.中国乳业品牌国际化战略初探[J].中国奶牛,2016(08):38-41.

[4] 张希颖,郑春霞.中国乳制品贸易发展策略研究[J].价格理论与实践,2010(02):75-76.

[5] 王东.贸易自由化对中国乳制品进口贸易的影响[D].天津:天津财经大学,2014.

[6] 邱娜.中国乳制品贸易特征及发展对策研究[J].中国畜牧杂志,2011,47(10):32-35.

[7] 方筱琴.中国乳制品进口贸易特征及影响因素分析[D].昆明:云南财经大学,2015.

[8] 刘芳,白燕飞,何忠伟.世界乳制品贸易发展趋势及对中国奶业的影响研究[J].世界农业,2016,(07):174-182.

[9] 韩啸,余杰,刘芳,何忠伟.中国乳制品贸易逆差影响因素研究——基于CMS模型的实证分析[J].世界农业,2015.

[10] 黄睿.中国乳制品进口贸易及影响因素分析[J].世界农业,2016(04):173-176.

[11] 王广.中国乳业国际化的困境与破局[J].乳品与人类,2016(06):26-29.

[12] 杨碧琴,叶媚.中国和新西兰、澳大利亚乳制品贸易研究[J].

内蒙古农业大学学报（社会科学版），2016，18（04）：20-24.

[13] 舒晓婷. 自由贸易协定框架下中国—新西兰乳制品贸易研究 [J]. 世界农业，2015（12）：72-74+107.

[14] 仲妮. 基于中澳自贸协定的我国乳制品行业发展研究 [J]. 商场现代化，2016（18）：12-13.

[15] 郭婷. 中澳自贸区建立对中国乳品进口的影响研究 [D]. 呼和浩特：内蒙古农业大学，2013.

[16] 王敏. 中新自贸区的建立对中国奶业的影响研究 [D]. 北京：北京农学院，2017.

[17] 王艳枝. 中澳自贸协定签订对中国乳制品进口贸易的影响 [D]. 北京：北京林业大学，2016.

[18] 张楠楠. 中澳自贸协定对国产婴幼儿配方奶粉产业竞争力影响研究 [D]. 哈尔滨：东北农业大学，2017.

[19] 杨励，吴娜妹. 中澳 FTA 下关税削减对乳制品的经济效应分析——基于 SMART 模型 [J]. 国际经贸探索，2016，32（09）：15-24.

[20] 徐泽敏，杨志武. 中国乳制品国际竞争力和产业内贸易研究 [J]. 黑龙江畜牧兽医，2015（22）：32-35.

[21] 张亚伟. 中国奶业竞争力影响因素研究 [D]. 北京：中国农业科学院，2015.

[22] 王庆辉. 我国乳业国际竞争力提升研究 [D]. 开封：河南大学，2014.

[23] 曹亚楠，徐雅楠，姜冰，李翠霞. 中国与乳业贸易强国国际竞争力差距的成因分析 [J]. 世界农业，2018（08）：85-92.

[24] 刘长全，韩磊，张元红. 中国奶业竞争力国际比较及发展思路 [J]. 中国农村经济，2018（07）：130-144.

[25] 边英姿. 中国乳制品行业国际竞争力分析 [J]. 河北经贸大学学报（综合版），2016，16（04）：91-95.

[26] LinasJankauskas（李那斯）. 欧盟与中国乳制品贸易增长的原因和潜力的研究 [D]. 东华大学，2017.

[27] 周俊玲. 发达国家乳制品质量控制的经验与启示 [J]. 世界农

业,2010(10):50-52.

[28] 沙米拉·色依提,邓峰. 发达国家乳业产业链发展优化及其借鉴[J]. 世界农业,2.

[29] 李雪. 中澳签订自贸协定后中澳乳制品贸易分析[J]. 江苏商论,2018(04):53-57.

[30] 刘艳,朱家明. 中澳自贸协定对我国乳制品贸易进口影响的计量分析[J]. 黑龙江八一农垦大学学报,2017,29(04):109-113.

[31] 王玉庭,杜欣蔚,王兴文. 中美贸易战对我国奶业的影响[J]. 中国乳业,2018(08):14-16.

[32] 刘家贵,王录安,刘旭凡. 中国从"一带一路"沿线国家进口乳制品的影响因素研究——基于引力模型的实证分析[J]. 中国物价,2016,(03):48-51.

[33] 杨莉. "一带一路"倡议下中国乳制品贸易发展分析[J]. 中国畜牧杂志,2018,54(03):119-125.

[34] 程云洁,董程慧. 中国与"一带一路"沿线国家工业制成品出口贸易效率及潜力研究[J]. 统计与决策,2019,35(17):129-134.

[35] 沈子杰. 扩展引力模型下跨境物流绩效对我国出口贸易的影响效应——基于"一带一路"沿线国家样本的实证[J]. 商业经济研究,2019(16):146-149.

[36] 邢宇欣. 孔子学院对我国文化产品出口的影响[D]. 北京:北京外国语大学,2019.

[37] 刘祥艳,杨丽琼,吕兴洋. 文化距离对我国出境旅游的影响——基于引力模型的动态面板数据分析[J]. 旅游科学,2018,32(04):60-70.

[38] 李丹,夏秋,周宏. "一带一路"背景下中国与中东欧国家农产品贸易潜力研究——基于随机前沿引力模型的实证分析[J]. 新疆农垦经济,2016(06):24-32.

[39] 张梦昊. 我国与"一带一路"沿线国家贸易潜力[D]. 山东大学,2019.

[40] 黄英婉. "一带一路"沿线国家贸易投资便利化问题研究[D].

辽宁大学，2017．

[41] 李金锴，陈珏颖，刘合光．中美农产品贸易的比较优势分析[J]．中国农业科技导报，2019，21（11）：1-8．

[42] 王品飞．中国对其他金砖国家农产品出口贸易竞争力研究[J]．中国流通经济，2018，32（12）：87-94．

[43] 牛培培．中国对日本农产品出口的影响因素分析[D]．广州：广东外语外贸大学，2016．

[44] 周雄．"钻石模型"视野下的云南省乡村旅游产业竞争力实证研究[J]．文山学院学报，2019，32（03）：81-86．

[45] 蔡明．中国农产品竞争力实证分析——基于"钻石模型"理论[J]．现代商贸工业，2019，40（24）：47-49．

[46] 刘艳云．山东省农产品国际竞争力及其影响因素研究[D]．合肥：安徽农业大学，2016．

[47] 陈银飞．2000—2009年世界贸易格局的社会网络分析[J]．国际贸易问题，2011（11）：31-42．

[48] 石泽浩．"一带一路"钢铁贸易网络格局及演变研究[D]．北京：北京工业大学，2018．

[49] 邹嘉龄．2001—2013年中国与"一带一路"沿线国家贸易网络分析[C]．中国地理学会经济地理专业委员会．2015年中国地理学会经济地理专业委员会学术研讨会论文摘要集．中国地理学会经济地理专业委员会：中国地理学会，2015：148．

[50] 李萌，刘正阳，王建平．复杂网络背景下国际铁矿石贸易规律研究[J]．中国矿业，2018，27（04）：45-52．

[51] 任素婷，崔雪峰，樊瑛．复杂网络视角下中国国际贸易地位的探究[J]．北京师范大学学报（自然科学版），2013，49（01）：90-94+115．

[52] Tinbergen JJ. Shaping the world economy; suggustions for an international economic policy [J]. 1962.

[53] Linnemann H. An econometric study of internation altradeflows [M]. North-Holland Pub. Co.，1966．

[54] Huff DL, Jenks GF. Agraphicinter pretation of the friction of distancein-gravity models [J]. Annals of the Association of American Geographers, 1968, 58 (4): 814 - 824.

[55] Gebrehiwet Y, Ngqangweni S, Kirsten JF. Quantifying the tradeeffect of sanitary and phytosanitary regulations of OECD countrieson South African foodexports [J]. Agrekon, 2007, 46 (1): 1 - 17.

[56] Serrano MA, Boguna M. Topology of the worldtradeweb [J]. Physical Review E, 2003, 68: 015101.

[57] LiX, Jin YY, Chen GR. Complexity and Synchronization of the World Trade Web. PhysicaA, 2003, 328: 287 - 296.

[58] An HZ, Zhong WQ, Chen YR. Features and evolution of internationalcrudeoiltraderelationships: Atrading - based network analysis [J]. Energy, 2014, 74: 254 - 259.

[59] Wang MG, Tian LX, Du RJ. Researchon the interaction patternsamon-g the global crudeoilimport dependency countries: acomplexnetwork approach [J]. Applied Energy, 2016, 180: 779 - 791.

[60] Zhang HY, Ji Q, Fan Y. Competition, transmission and patternevolution: Anetwork analysis of globaloiltrade [J]. EnergyPolicy, 2014, 73: 312 - 22.

[61] Zhong WQ, An HZ, Gao XY. Thee volution of communities in the inter-nationaloiltra denetwork [J]. PhysicaA, 2014, 413: 42 - 52.

[62] 刘尧飞. 基于引力模型的海峡两岸贸易潜力研究 [J]. 武汉商学院学报, 2018, 32 (6): 42 - 45.

[63] Fogarasi, J. Hungarian and Romanian, (2008) Agri - foodtradeinthe EuropeanUnion," Management3.

[64] Harald Hruschka, (2002) "Market Share Analysis Using Semi - Parametric Attraction Models," European Journal of Operational Research138.

[65] Jempa CJ., (1986) "Extensions and Application Possibilities of the Constant Market Analysisthe Caseofthe Developing Countries' Exports," University of Groningen.

[66] Kevcin Chen, Lian Xu, Yufeng Duan, (2000) "Ex – Post Competitiveness of China's Exportin Agri – Food Products: 1980 – 96," Agribusiness, Vol. 16, No. 3.

[67] Kumar, C. N. & Muraleedharan, V. R., (2007) "SPS regulations and competitiveness: ananalysis of Indian Spicesexports," South Asia Economic Journal 8.

[68] Milana C., (1988) "Constant Market Share Analysisand Index Number Theory," European Journal of Political Economy4.

[69] 曹亚楠, 徐雅楠, 姜冰, 李翠霞. 中国与乳业贸易强国国际竞争力差距的成因分析 [J]. 世界农业, 2018 (08): 85 – 92.

[70] 刘长全, 韩磊, 张元红. 中国奶业竞争力国际比较及发展思路 [J]. 中国农村经济, 2018 (07): 130 – 144.

[71] 危薇, 何忠伟, 刘芳. 中国奶业国际竞争力研究 [J]. 世界农业, 2013 (07): 146 – 151.

[72] 于海龙, 李秉龙. 我国乳制品的国际竞争力及影响因素分析 [J]. 国际贸易问题, 2011 (10): 14 – 24.

[73] 王金波. 双边政治关系、东道国制度质量与中国对外直接投资的区位选择——基于 2005 ~ 2017 年中国企业对外直接投资的定量研究 [J]. 当代亚太, 2019 (03): 4 – 28 + 157.

[74] Kang Y, Jiang F. FDI locationchoiceof Chinese multinationalsin East and Southeast Asia: Traditionale conomicfactors and institutional perspective. Journal of World Business, 2012, 47 (1): 45 – 53.

[75] Buckley PJ, Clegg LJ, Cross AR, et al. Thedeterminantsof Chineseoutwardforeigndirectinvestment. Journal of International Business Studies, 2007, 38 (4): 499 – 518.

[76] 王丰龙, 司月芳. "一带一路" 倡议背景下亚投行设立对中国海外投资的影响研究 [J]. 世界地理研究, 2019, 28 (05): 1 – 10.

[77] 宫宇娟. 我国海外投资与出口贸易的关系 [J]. 商场现代化, 2013 (12): 53.

[78] Mundell, R. A., (1957) "International Tradeand Factor Mobility,"

American Economic Review6, 321 – 335.

［79］Lipsey, R. E. , and M. Y. Weiss, (1981) "Foreign Productionand Exportsin Manufacturing Industries," Eviewof Economicsand Statistics 66, 304 – 308.

［80］Caves, R. , (1996) Multinational Enterprisesand Economic Analyses, Cambridge: MACambridge University Press.

［81］王广. 中国乳业国际化的困境与破局［J］. 乳品与人类, 2016 (06): 26 – 29.

［82］孔金瑶. 乳业国际化需拿出硬实力［N］. 中国畜牧兽医报, 2014 – 11 – 02 (005).

［83］沙米拉·色依提, 邓峰. 发达国家乳业产业链发展优化及其借鉴［J］. 世界农业, 2015 (04): 34 – 39.

［84］宋利文, 杜瑞平, 孙燕勇, 李洋, 陈利青, 吴志红, 赵磊, 高民. 澳大利亚乳业发展现状［J］. 畜牧与饲料科学, 2017, 38 (11): 95 – 99.

［85］冯启. 从新西兰乳业战略看中国乳业战略［J］. 湖北畜牧兽医, 2011 (03): 13 – 18.

［86］新西兰西部乳业: 高调进入中国市场［J］. 乳品与人类, 2013 (04): 42 – 45.

［87］陈吉铭, 王琛, 刘芳, 何向育, 王娜. 新澳奶业冷链物流发展经验及借鉴研究［J］. 世界农业, 2017 (07): 156 – 160.

［88］苏昊. 近距离感知美国乳业的牧场管理［J］. 乳品与人类, 2016 (03): 28 – 37.

［89］李丽, 刘瑶, 韩亚娟. 发达国家乳业发展经验及对中国的启示［J］. 食品科学技术学报, 2017, 35 (02): 84 – 88.

［90］陈志军. 美国奶业发展现状和启示［J］. 中国乳业, 2017 (07): 84 – 85.

［91］Rémi Valenlot, 陈弋. 美国乳业: 立足国内市场、开拓国际市场［J］. 中国乳业, 2016 (04): 16 – 18.

［92］徐娜. 美国奶牛业的发展经验及其启示［J］. 经济研究导刊, 2010 (11): 40 – 42.